英语写作过程与写作课教学优化研究

邵 旭 ◎ 著

北京工业大学出版社

图书在版编目（CIP）数据

英语写作过程与写作课教学优化研究 / 邵旭著. — 北京：北京工业大学出版社，2021.11
ISBN 978-7-5639-8188-5

Ⅰ. ①英… Ⅱ. ①邵… Ⅲ. ①英语－写作－教学研究－高等学校 Ⅳ. ① H319.36

中国版本图书馆 CIP 数据核字（2021）第 228391 号

英语写作过程与写作课教学优化研究
YINGYU XIEZUO GUOCHENG YU XIEZUOKE JIAOXUE YOUHUA YANJIU

著　　者：	邵　旭
责任编辑：	李倩倩
封面设计：	知更壹点
出版发行：	北京工业大学出版社
	（北京市朝阳区平乐园 100 号　邮编：100124）
	010-67391722（传真）　bgdcbs@sina.com
经销单位：	全国各地新华书店
承印单位：	唐山市铭诚印刷有限公司
开　　本：	710 毫米 ×1000 毫米　1/16
印　　张：	10.75
字　　数：	230 千字
版　　次：	2023 年 4 月第 1 版
印　　次：	2023 年 4 月第 1 次印刷
标准书号：	ISBN 978-7-5639-8188-5
定　　价：	60.00 元

版权所有　　翻印必究

（如发现印装质量问题，请寄本社发行部调换 010-67391106）

作者简介

邵旭，副教授，青海师范大学外国语学院教师，高原科学与可持续发展研究院团队成员，研究方向：二语写作、跨语言文化研究。

前　言

　　人们运用语言文字符号以记述的方式反映事物、表达思想感情、传递知识信息、实现交流沟通。英语写作是一种综合语言能力的训练手段，是学生对所学语言知识的综合运用，对学生的综合语言能力要求较高。随着时代的发展，英语写作也变得越来越重要。但是英语写作能力的提高非一朝一夕的事情，需要教师和学生的共同努力。基于此，本书对英语写作过程与写作课教学优化展开了系统研究。

　　全书共七章。第一章为绪论，主要阐述了英语写作与写作能力的基本要求、英语写作的前期准备、写作心理学理论、英语写作教学的构成要素等内容；第二章为英语写作的影响因素，主要阐述了母语水平对英语写作的影响、英语水平对英语写作的影响、思维能力对英语写作的影响、写作动机对英语写作的影响等内容；第三章为英语写作的基本过程，主要阐述了英语写作过程的特点、英语写作过程中的常见问题、英语写作过程中的认知心理、英语写作的基本步骤等内容；第四章为英语写作的教学方法，主要阐述了结果教学法、过程教学法、体裁教学法、写长教学法、任务教学法等内容；第五章为英语写作的课程设计，主要阐述了英语写作课程设计的理论基础、英语写作课程教学目标的重新定位、英语写作课程设计示例、英语写作课程的评价与反馈等内容；第六章为自主学习与英语写作课教学优化，主要阐述了自主学习教学策略的相关理论、自主学习模式与传统英语教学模式的比较、基于自主学习的英语写作课教学优化等内容；第七章为翻转课堂与英语写作课教学优化，主要阐述了翻转课堂教学模式的相关理论、翻转课堂理论与英语写作教学的结合、基于翻转课堂的英语写作课教学优化等内容。

　　为了确保研究内容的丰富性和多样性，笔者在写作过程中参考了大量理论与研究文献，在此向涉及的专家学者表示衷心的感谢。

　　最后，由于笔者水平有限，本书难免存在一些疏漏之处，在此恳请同行、专家和读者朋友批评指正！

目　　录

第一章　绪　论 ………………………………………………………… 1
　　第一节　英语写作与写作能力的基本要求 ………………………… 1
　　第二节　英语写作的前期准备 ……………………………………… 4
　　第三节　写作心理学理论 …………………………………………… 6
　　第四节　英语写作教学的构成要素 ………………………………… 9

第二章　英语写作的影响因素 ………………………………………… 28
　　第一节　母语水平对英语写作的影响 ……………………………… 28
　　第二节　英语水平对英语写作的影响 ……………………………… 32
　　第三节　思维能力对英语写作的影响 ……………………………… 38
　　第四节　写作动机对英语写作的影响 ……………………………… 45

第三章　英语写作的基本过程 ………………………………………… 49
　　第一节　英语写作过程的特点 ……………………………………… 49
　　第二节　英语写作过程中的常见问题 ……………………………… 57
　　第三节　英语写作过程中的认知心理 ……………………………… 65
　　第四节　英语写作的基本步骤 ……………………………………… 67

第四章　英语写作的教学方法 ………………………………………… 73
　　第一节　结果教学法 ………………………………………………… 73
　　第二节　过程教学法 ………………………………………………… 76
　　第三节　体裁教学法 ………………………………………………… 80
　　第四节　写长教学法 ………………………………………………… 82
　　第五节　任务教学法 ………………………………………………… 88

第五章 英语写作的课程设计 ... 93
第一节 英语写作课程设计的理论基础 ... 93
第二节 英语写作课程教学目标的重新定位 ... 98
第三节 英语写作课程设计示例 ... 102
第四节 英语写作课程的评价与反馈 ... 105

第六章 自主学习与英语写作课教学优化 ... 115
第一节 自主学习教学策略的相关理论 ... 115
第二节 自主学习模式与传统英语教学模式的比较 ... 127
第三节 基于自主学习的英语写作课教学优化 ... 135

第七章 翻转课堂与英语写作课教学优化 ... 141
第一节 翻转课堂教学模式的相关理论 ... 141
第二节 翻转课堂理论与英语写作教学的结合 ... 157
第三节 基于翻转课堂的英语写作课教学优化 ... 159

参考文献 ... 161

第一章 绪 论

在英语表达中，英语写作是一种重要的方式。虽然由于社会的发展，人们的交流方式和交流工具不断更新，但是作为一种传统的表达方式，英语写作依旧占有一定的地位，所以对英语写作进行研究十分必要。本章主要分为英语写作与写作能力的基本要求、英语写作的前期准备、写作心理学理论、英语写作教学的构成要素四部分，主要内容包括写作的定义、前期准备的意义和写作心理研究的理论框架等方面。

第一节　英语写作与写作能力的基本要求

一、写作的定义

从社会学、心理学以及生理学的角度来说，写作是大脑创作的过程，是读者和作者能够沟通和交流的过程。它属于一种创造性的活动，不仅要求作者对一件事做出描述，还要求文字的意义要符合逻辑思维。写作不只是作者的表达方式，也是作者与别人之间的分享方式，是一座沟通交流的桥梁。写作不但是一种交流、探索、学习、思考的强大工具，而且也是一种技巧。

写作属于一种比较烦琐的心理认知活动，具体包含四个要素，即组织的过程、长时记忆、环境以及任务。学者默里（Murry）把写作过程分成三个重要的阶段，即修改、草稿和预写。学者泽尔马（Zemal）认为写作是大脑不断探索的过程。学者威洛森（Willowson）指出练习语言规范并不能称为写作，只能叫作创作，真正的写作是读者与作者之间的交谈活动。所以，写作实际上是以交流和书写为目的的沟通过程。

二、英语写作能力的定义

写作是英语学习的一种重要输出形式，是语言表达的一种重要技能。南京大学外国语学院教授徐昉认为，写作阅读是现代英语教学的一个重要组成环节，是对学生语言输入和表达能力的重要考察和检测。英语写作直接体现一个人学习英语的总体素质和能力。如何培养学生的英语写作能力与优化英语写作课堂教学是一线教师一直以来面临的重大难题。对英语写作能力而言，不同的学者与专家给出了不同的定义。

学者斯潘（Spann）认为，英语写作能力是学生在实践中能够充分运用一种书面语言清晰地表述和传达信息，以期达到交流与沟通目的的能力。英语写作能力主要包括语言理解能力、语言运用能力、语言表达能力、语言书写技巧以及一些基本的社会语言文字书写应用技能。中国教育学会外语教学专业委员会学术委员鲁子问认为，英语写作能力是英语综合运用能力的重要组成部分，是英语综合运用能力的最高表现形式。总的来说，英语写作能力是指学生在交际时可以根据一定的任务类型，选择合适的写作方式和体裁，对所要表达的观点进行有效的梳理，能够用准确连贯的句子结构，清晰准确地表达自我的观点，达到交际目的的能力。

三、英语写作能力的基本要求

英语写作的基本要求在不同的阶段具有不同的规定。从小学到初中、高中再到大学阶段，英语写作的基本要求都在随着教学目标的不断深入而不断变化。

以大学英语为例，教育部颁布的《大学英语课程教学要求》明确指出，大学英语的教学目标是培养学生的英语综合应用能力，使他们在今后工作和社会交往中能用英语有效地进行口头和书面的信息交流，同时增强其自主学习能力、提高综合文化素养，以适应我国社会发展和国际交流的需要。这一目标体现了时代发展的趋势。《大学英语课程教学要求》将大学阶段的英语教学分为三个层次，即一般要求、较高要求和更高要求。这是我国高等学校非英语专业本科生经过大学阶段的英语学习与实践应当选择达到的标准。三个层次的要求中关于大学英语写作具体要求的描述如表1-1所示。

表1-1　大学英语书面表达能力要求

一般要求	较高要求	更高要求
能完成一般性写作任务，能描述个人经历、观感、情感和发生的事件等，能写常见的应用文，能在半小时内就一般性话题或提纲写出不少于120词的短文，内容基本完整，中心思想明确，用词恰当，语意连贯。能掌握基本的写作技能。	能基本上就一般性的主题表达个人观点，能写所学专业论文的英文摘要，能写所学专业的英语小论文，能描述各种图表，能在半小时内写出不少于160词的短文，内容完整，观点明确，条理清楚，语句通顺。	能用英语撰写所学专业的简短的报告和论文，能以书面形式比较自如地表达个人的观点，能在半小时内写出不少于200词的说明文或议论文，思想表达清楚，内容丰富，文章结构清晰，逻辑性强。

英语写作要求可供参考的另一个标准就是《全国大学英语四、六级考试大纲》。该大纲强调学生能以英语为工具，获取专业所需要的信息并为进一步提高英语水平打下较好的基础。其对英语写作的要求如表1-2所示。

表1-2　大学英语写作能力要求

考试等级	大纲要求
英语四级	要求考生能用英语描述个人经历、观感、情感和发生的事件等；能描述简单的图表和图画；能就熟悉的主题发表个人观点；能写常见的应用文；能根据提纲、图表或图画等提示信息做简短的讨论、解释和说明。中心思想明确，结构基本完整，用词较为恰当，语句通顺，语意连贯，能运用基本的写作策略。能在半小时内写出不少于120词的短文
英语六级	要求考生能用英语就一般性的主题发表个人观点；能描述图表和图画；能根据提纲、图表或图画等提示信息作较为深入的讨论、解释和说明。观点明确，结构清晰完整，用词贴切，语言表达流畅，语意连贯，能较好地运用写作策略。能在半小时内写出不少于150词的短文

上述两个参考标准有一定的相似性。但是在实际的英语写作教学中，教师与学生往往更倾向于依据学生的全国大学英语四、六级成绩来衡量学生的英语水平，而写作的分值在全国大学英语四、六级考试当中占比不大，因此英语写作教学常常沦为应试性教学。

四、英语写作的基本要求

（一）明确写作目的

英语写作教学问题的解决要求我们首先了解英语写作的目的、实质、特点以及原则。写作与说话一样，要把一个人的思想、情感等表达出来。不管英语写作表达的内容形式怎样或者对象是谁，归根结底，总有个为什么而说、为什么而写的问题。同时，英语写作目的对写作的其他要素也起着决定性作用。

（二）领会写作实质

英语写作不仅是交际活动的交流手段，还是语言教学的训练手段和检测手段。英语写作被视为交流手段是因为写作的实质无非是要表达一种思想、一种看法、一种意境，传递某些信息以进行交流，从而达到交际的目的。这也是学习任何一种语言的终极目标。英语写作自然也不例外。英语写作是一种训练手段，因为通过英语写作训练，学习者可以更有效地巩固所学的语言知识。英语写作是一种检测手段，因为它不仅能检测出学习者的语言水平，还能反映出学习者的表达能力、思维能力及知识面的广博程度。

（三）把握写作过程

明确了写作目的，领会了写作实质，就进入了写作的具体过程。把握好写作过程应从两方面着手：首先，要为一篇文章定下主题，即立意。主题是文章的灵魂，每一篇文章都应有一个明确的主题。其次，要选好材料。作者在写文章时起码要有足够的材料，否则，写作就成了无米之炊。

第二节　英语写作的前期准备

一、前期准备的意义

写作前期准备包括写作知识的积累、写作素材的积累及写作动机的建立等。学生在写作前的准备工作为其写作过程做铺垫，直接影响着写作活动的进展。多读、多写是充实写作素材、提高语言表达能力的根本途径。学生在写作前期准备阶段没有足够的阅读量和写作素材并对写作不感兴趣，会直接影响学生的写作过程，面对题目半天想不出合适的材料、找不到合适的语言表达自己的想法等问题都会在写作过程中显现出来。

二、前期准备的主要方式

第一，头脑风暴与思维导图。头脑风暴法是指在教师的引导下，学生以个人或小组的形式交流与讨论写作主题。学生可以畅所欲言，大胆地从不同角度联想与主题相关的信息。思维导图是另外一种深入主题内容的方式，学生可以通过画思维导图来更加直观地对写作主题进行构思。

第二，列清单。列清单可以帮助学生对主题展开构思。学生用短语或短句列举出想要表达的观点和想要描述的事物，然后进行筛选，并按照一定的顺序排列。列清单通常以小组合作的形式开展。在列好清单后，小组成员一起对清单上的条目进行整理，根据所需要表达的主题对所列清单内容进行筛选和排序。

第三，自由写作。自由写作指在规定的时间内，学生在把握写作主旨后，独立完成写作，不考虑语法、拼写、句子结构以及重复等问题。在写作时，学生的思维是跳跃的，会写一些与主题无关的内容。这都不要紧，重要的是要让学生尽可能多地写下自己想到的内容，然后教师再引导学生从中选择自己需要的内容。

第四，提问法。在写作前，教师用what（什么）、where（哪里）、who（谁）、when（什么时候）、why（为什么）、how（如何）等疑问词提问学生，引导学生把握写作主题。学生也可以用这六个疑问词进行自我提问或相互提问，开阔写作思路。提问法通过让学生从不同的角度思考主题，来丰富写作内容。

除了以上所讲的四种方式外，还有很多前期准备的方式。教师可以鼓励学生利用网络查询材料或者通过与他人交流丰富与写作内容。但需要注意的是，并非所有搜集到的材料都要写到作文里，教师应提醒学生，让其根据自己需要表达的主题对搜集到的内容进行筛选和排序。

第三节 写作心理学理论

一、写作心理学的研究状况

学者亚历山大·贝恩（Alexander Bain）在《英语作文和修辞》一书中，根据联想心理学的规律，对语言修辞手法做了分类。这种分类，用他自己的话来说是一种"崭新的变化"。

一个世纪以来，写作研究的重点是写作的作品。20世纪60年代，认知心理学对写作教学和研究的影响，使人们开始意识到写作过程的重要性，学者开始关注写作各个阶段（草稿、修改）的认知过程，而不仅仅是关注写作的作品。写作过程的心理学研究主要有三个方面的观点：表达观点、社会观点、认知观点。

（一）表达观点

表达观点认为，好的写作具有完善、自然和原创性的特性，这与人本主义心理学家所归纳的"完善的人"的特性是一致的。写作相当于自我成长，写作教师相当于心理治疗专家。写作和心理治疗一样，需要尽量地搜集内部和外部的信息资源，尽可能地将这种信息综合成"个体经验完整、协调的表达"。好的写作和好的治疗都需要输出者明确地思考有效的关联，做出满意的自我表达。因此，写作有时具有心理治疗的效果。

一些健康心理学领域的研究者进行了"写作降低压力"的研究。在这项研究中，一群具有压力的人被随机分配到实验组和控制组，在3到5天内进行写作，每天写作20分钟。实验组被要求写与压力有关的题目，例如，"被解雇以来"或"上大学以来"。控制组被要求写一些中性的题目，如"我今天干了什么"。研究发现，与控制组相比，要求写与压力有关题目的实验组到健康中心看病的次数显著下降，免疫机能也增强了。这说明恰当地运用写作可帮助个体认识自我，促进个体的完善与成长。

（二）社会观点

社会观点认为，人们应该从社会和文化的角度来理解人类语言，确切地说，社会观点的焦点是"个体怎么成为文化的成分"。这种观点深受苏联心理学家维果茨基（Lev Vygotsky）的影响。维果茨基认为，语言应该作为文化和历史的过程来理解，思维起源于社会交往，是内化的语言。根据社会观点来看，写作是社会合作的行动，可被理解为"内部语言的再外化"。心理学家对写作教学中的合作学习进行了大量研究。例如，有研究曾证明，合作写作的经验能促进个体写作水平的提高。

（三）认知观点

认知观点是从个体的心理结构和表征入手来分析写作的，它包括两个分支：认知发展和认知科学。

1.认知发展

传统写作方法要求写作者应该考虑读者，而这可以用瑞士心理学家皮亚杰（Piaget）的"自我中心"和"去自我中心"概念来解释。当要求没有受过训练的写作者写"最值得我纪念的人"时，他们经常写自己，这可归结于写作者不能通过"去自我中心"来获得"非自我中心"的写作态度。认知发展理论很好地解释了写作中出现的一些现象，因此，写作需要认知发展理论来指导。

2.认知科学

从认知科学的角度来研究写作的学者中，最有影响力的人物是海因斯（Hayes）和弗洛尔（Flower），他们建构的写作理论模型为写作心理学的研究提供了理论框架。

二、写作心理学研究的理论框架

早期，海因斯和弗洛尔把写作看作一种解决问题的形式。1980年，他们提出了自己的写作模型，这个模型包含了三个重要的成分：第一个是任务环境，包括影响写作者写作任务的所有外部因素；第二个为写作中的认知过程，有构思（决定说什么和怎么说）、表达（将构思转换成书面文本）和复看（改进写成的文本）三种认知过程；第三个是写作者的长时记忆，包括主题知识、读者知识以及文学体裁知识。海因斯和弗洛尔的写作模型非常强调各成分之间的相互作用，用箭头来表明写作是一个循环的过程。可以看出，这个写作模型与纽威尔（Newell）和西蒙（Simon）的"通用问题解决者"程序很相似。

自海因斯和弗洛尔提出写作模型后，许多心理学家受其影响，开展了大量的写作研究，进行了大量的写作模型的讨论。学者班宁格斯（Beningers）

认为，海因斯和弗洛尔的写作模型只能解释典型写作者的写作情况，不能解释初级写作者的写作，因此，他对海因斯和弗洛尔的写作模型进行了修改，以期能从发展的角度来解释写作。同时，还有一些学者认为海因斯和弗洛尔的写作模型为成功地探索写作的认知因素奠定了基础，但对写作中的情感和社会维度关注不足。

海因斯在1996年对1980年的写作模型做了修改，提出了一个研究写作的新框架，以期能更好地解释已获得的实验结果。新模型是一个"个体—环境"模型，海因斯将认知、情感和记忆归为一组，作为写作的个体；将社会环境和具体环境作为写作的任务环境。新模型与旧模型相比，有以下几个重要的变化：

首先，新模型强调了写作中工作记忆的中心位置。旧模型对工作记忆强调得较少，只将工作记忆包含在表达过程中。新模型假设所有的写作过程都必须有工作记忆的参与，同时，在工作记忆中进行所有的非自动化活动。

其次，新模型包括了视觉、空间和言语表征，注重视觉和空间信息。写作中的工作记忆在结构上包含了音位记忆、视觉和空间速写簿，前者储存语言编码信息，后者储存视觉和空间编码信息。

再次，新模型把动机和情绪放在了一个显要的位置。海因斯总结了大量的实验结果来说明动机和情感如何在写作过程中扮演中心角色。①他考察了写作中动机的性质，对大学生相信写作是一种天赋与写作焦虑出现的关系研究表明，与别的学生相比，相信写作是一种天赋的学生有显著较高水平的写作焦虑，对自己写作能力的评价较低；②他考察了写作目标间的相互作用，认为写作者通常具有决定写作活动进程的多重目标；③他还考察了动机如何通过"付出—获益"机制来调节写作过程以及阅读和写作中的情感反应。

最后，新模型对认知过程做了重建，文本解释代替了复看与修改，构思和表达被归入更一般的类别——反映和文本生成中。

文本解释指语言和图示的输入产生内部表征，其认知过程包括阅读、听和扫描图示。海因斯强调写作中的文本解释过程的作用，他认为阅读是写作中的一个中心过程。写作中的阅读包括三种：①理解性阅读，即阅读提供写作信息的材料，使写作者获得写作内容；②明确写作任务的阅读，例如，正确理解一些术语：描述、论证和解释等；③评价性阅读，即用来修改的阅读。写作者通过阅读来评价写成的文本，从而进行修改。

反映是操作内部表征从而产生新的内部表征的活动，完成反映的认知过程包括问题解决、决策和推断。写作中的问题解决包括利用连锁的形式将一系列的词组形成句子，或将一系列的断言形成一个证据；利用图表来表达观点或构思一篇文章，许多的写作任务是不确定的，需要人们评价各种方案，做出选择，这种空白—填写决定对写出初稿很重要，而评价性的决定对修改也很重要。推断使得写作者可以对可利用的信息做有用的扩展。

文本生成是写作者在环境背景中提取出内部表征，然后产生写作语言或图示输出。研究表明，写作者不是以整个句子的方式，而是以"句子部分"为单位来写出文本的。"句子部分"通过写作时的停顿或者语法上的不连贯而得到识别。

总之，海因斯认为模型中的每个成分对人们完全理解写作都是绝对必要的。写作依赖于认知、情感、社会与具体条件的适当结合，是需要社会环境和媒介的交流行为，是需要动机的生成活动。同时，它也是需要认知过程和记忆的智力活动。

第四节　英语写作教学的构成要素

一、教师

（一）学科素养

学科素养包括学科认知、学科知识和学科实践。学科认知指的是教师需要在讲授英语的过程中具有这门课程的语言文化意识，对相关元素的融入要有认同。学科知识指教师要具备英语的理论基础和授课能力。学科实践指的是教师在讲授英语课程时对教学方法的应用和创新。

（二）教学素养

英语教师的教学素养至少应涵盖三个方面：一是要掌握教学相关的专业知识，包括教师"如何教"的知识和学生"如何学"的知识；二要具备将教学专业知识运用于教学实践活动的能力和技巧；三要了解教学活动或教学方法背后的理论、信仰、原则、价值以及理念等，并具备反思能力。目前英语教师在第二、三方面的能力上还稍显不足。首先，教师普遍具有扎实的专业知识，但是对驾驭课堂的能力和对教学方法的应用则依旧不够成熟，尤其是新教师。其次,对于教学方法背后理论的掌握是所有教师的薄弱环节。在教学实践中,若没有一个强大教学理论的支撑,教师在教学探索或实践中是很容易迷茫和走弯路的,这可能是由教师对教学法和教育学掌握得不够到位导致的。

教学素养的提升需要从四个方面进行。一是从国家层面,教师要以立德树人为根本,以学生成长为中心。国家对英语教师提出了育人、学科、教学、科研和信息五个方面的素养提升要求。因此,英语教师要紧跟国家政策。二是从学校方面,学校要为教师搭建平台,完善制度;建实建强教师发展中心,对教师进行课程开发指导和教学基本功培训;定期举办教学理念和教育技术培训,开展各种形式的促教活动,包括教学竞赛、教学研讨、教学观摩等;改革教师的考核评价机制,完善高校教师的评聘制度。一方面是提高教学成果在教师职称评定中的地位,另一方面是加大教学成果激励的力度。三是从院系方面,教师所在部门要注重团队建设,加强教学交流,可以定期进行线上交流并及时记录,形成教学交流成长日志。四是从个人层面,教师要始终坚持终身学习,提高理论素养。

(三)科研素养

1.科研素养的内涵

英语教师的科研素养包括科研意识、科研能力、科研方法和科研精神四个方面。通过植根教学、矢志探索,不断提升自己的科研素养和教学素养,英语教师可以实现英语教学能力提升和职业发展的有机融合。

2.英语教师科研能力的提升路径

(1)培养强烈的科研意识

科研意识是一种寻求问题和不断探索问题解决方案的积极倾向。搞好科研的前提是英语教师要有强烈的科研需求和愿望,内心要有一股冲劲想去研究教学问题,并且在常规教学工作中有意识地不断寻找科研课题。实践证明,教师提高科研能力是提高教育教学质量的重要保障,也是其获得职业生涯成功的有效途径。在日常教育教学中,英语教师只要认真观察、努力学习、不断反思,就能够从教学各环节遇到的问题、教育改革的热点和难点中抓住值得研究的问题,不断进行教学改革实践,促使其增强科研意识和能力,在行动和研究中实现专业成长。

(2)储备多元的科研知识

科研知识的储备是科研素养提升的基础。目前教师的科研知识水平有待提升，尤其在科研方法性知识与操作性知识方面有所欠缺。此外，教师的科研综合性知识有待巩固。所以加强教师科研知识的储备，使教师形成多元化的知识结构是必要的。

第一，主动涉猎科研方法与操作性知识。在日常教育工作中，教师应当保持自主学习与阅读的习惯。在终身学习的理念背景下，教师作为知识的传播者更应当实时更新自己的知识储备，常怀"空杯"心态去丰富自己的知识结构。根据调查可知，目前大多数城市的教师学历基本都在本科以上，所学专业与学科相关度较高，也具备丰富的教育教学经验和扎实的教育理论。但对科研方法性知识，如文献法、访谈法、观察法、个案法以及行动研究法等教师必备研究方法的选择与运用，还不够娴熟与规范；此外，部分教师参与或组织科研活动的经验不足，撰写的开题报告、项目书、结题论文以及教育故事不符合学术规范与要求。故此，在信息化极速发展的今天，教师可利用便利的互联网进行学习，再结合书籍进行理论知识的融会贯通，有针对性地进行自我提升，这是强化科研知识和科研素养最有效的办法。

第二，储备更丰富的综合性知识。目前教师一般都能够在实践中巩固教育学、心理学、教育心理学等教育专业知识，也能深化理解学科教育学、学科课程论、教材教法等知识。然而这些知识远远满足不了教育研究的需求，因此教师也要掌握一些社会学、教育技术学、社会统计学以及脑科学等专业领域的知识。教师如果知识面过于狭窄、思维过于僵化是难以推陈出新、有所突破的。

第三，提高自主科研能力。提高教师科研素养的关键在于提高教师的自主科研能力，即分析问题与解决问题能力、组织实施能力、科研成果的凝练能力以及成果转化能力等。目前教师的分析问题与解决问题能力处于较好的水平，组织实施能力还有待提高。目前教师在组织实施科研活动时还不够科学规范，撰写论文时还不够熟练。大部分教师并未将科研成果积极运用到教育教学中，导致科研很难对教育教学起到促进作用、流于形式。所以提高知识储备能力，形成精、专、广的多元知识结构是教师提高组织实施能力、文献表达能力的重要途径。此外，科研能力的提高还有赖于科研观念的端正和科研意识的自我唤醒。

（3）树立正确的科研观念

一名教师的教育科研能力所达到的高度，关键还在于他的科研认同、态度与价值观。教师的科研态度反映在教师的心态和行动中，是强大的动力和支持。笔者对某市教师的科研现状进行了问卷调研，调研结果显示，该市教师的科研观念素养水平较高，科研理念与科研态度均处于较高的水平，说明该市教师目前还是对教育科研的价值有较强的认同感，从主观意愿上也乐意进行科研活动，对教育科研的基本内涵、基本特征也能够有清晰的认识，能够意识到教师的科研是偏重于实践而非理论。然而这与访谈所得知的结果有所不同，访谈中有校长表示，目前教师在态度上不够重视科研行为，常常以"评职称"为动机被动地搞科研。这两类不同的调研结果都存在一定的合理性，因为除了教师自身因素外，教学压力繁重也是客观事实，教师难免心有余而力不足。但这并不意味着教师个人就可将一切责任归于繁重的工作量，要想成为"研究型"教师，就要意识到在教学中进行研究。所以教师应形成严谨治学、努力钻研的科研态度，严格遵守科研的规范性和创新性。

（4）加强自身的时间管理

教师常常会认为，科研是一项大工程，需要花费很多时间，在日常繁重的工作环境中是难以实现的。但事实上，教师对科研的定位是基于日常教育教学的行动研究。所以教师要加强自身的时间管理，养成勤于思考、善于观察的好习惯，利用碎片时间记录教育事件、撰写教育随笔。这属于教育研究工作的形式，也是发现教育研究问题的关键所在。

（5）营造浓厚的科研氛围

良好的科研氛围是教师科研能力培养和提升的有力保障。因此，学校要进一步改善科研条件，营造浓厚的科研氛围，提高现有师资队伍的科研水平。

首先，学校可以重点培养科研能力较强的教师为学术带头人，成立科研团队，带动更多的教师参与到科研活动中，逐步提高教师的教研水平和能力。其次，将"引进来"和"走出去"相结合。学校可以引进校外优秀学术带头人到校开展专题学术讲座，指导教师进行相关科学研究和论文写作。支持教师外出交流学习，在拓宽教师知识面和视野的同时提高其科研理论水平和科研实践能力。再次，建立实施有效的激励机制。科研不仅对学校科教学工作有着重要作用，也与教师的教育教学能力和个人的发展息息相关。学校在加强对教师进行科研指导的同时，可以结合自身的特点和教师的心理特点，建立并实施有效的物质和精神方面的激励机制，从外部环境激发教师本人对科研的热情，调动其参与科研工作的积极性。最后，加大对科研项目的财力支持，激励更多有想法、有能力的教师参与到科研中，从而培养出一支富有科研精神和较强行动力的教师队伍。

（6）优化科研管理机制，创造良好的科研平台

制度是进行科研的基础。学校要建立灵活完善的科研管理制度，落实国家提倡的教师科研评价机制，逐步建立相关组织机构，制定并完善科研相关制度，搭建起让广大教师积极参与、乐于展现的舞台，使学校科研管理科学化、制度化。学校一要鼓励教师积极从事教学研究，营造良好的科研环境；二要为教师开展科研活动引领方向、把准航向，引导教师积极参与具有前瞻性、实用性的科研攻关；三要在质量上严格把关，通过建立完善的科研评价制度，制定详细的科研质量评价指标，让教师有的放矢，推动教师科研质量和水平的提升，促进学校的发展。

制定相关制度、营造科研氛围，不仅可以提高教师的研究主动性，还可以帮助教师形成理论学习和实践反思的习惯，不断提高他们研究和解决教学中实际问题的能力。日常的教学工作和教学研究与教师专业成长相融合，使教师形成在研究状态下工作的职业生活方式，让教师能够从单纯的教师成长为研究人员。学校要注意教学研究的组织管理、计划管理和制度管理的实施，注意教学研究成果的转化和提升，为教师科研保驾护航。此外，学校在制定各项科研管理制度时，应注意与教学制度、教师考核制度等的横向联系，注重制度间的衔接和配合，使各项制度构成一个相对完整的制度体系。

（四）信息素养

1.信息素养的基本内涵

（1）信息意识——信息素养的前提

信息意识是信息素养的前提。它代表了人们的信息敏锐力，影响着人们对信息知识的筛选、评估和应用等。信息意识也是指人们在大脑中捕捉、识别及分析信息事物的能力。英语教师的信息意识主要包括树立正确的现代化、信息化的教育观念，引导学生正确使用信息技术，培养自身主动通过网络途径和现代信息知识与技能来处理教学中实际问题的能力，促进计算机网络与专业知识的连接。在知识更新周期变短的情况下，教师也要将教科书中的理论知识应用于信息前沿技术当中，培养危机意识，不断学习和掌握专业领域的新动态和新概念来丰富自己，拓宽学生的视野，启发学生的创新思维。

英语教师要全面、仔细地领悟到信息素养和专业建设与教学方式改变的联系。对于现代教育的发展来说，信息素养的应用在教学上有着重大意义。因此，教师要大胆及时地将多媒体设备和计算机技术作为教学科研的辅助工具，利用先进的信息技术来解决教育教学的各种实际问题。

（2）信息知识——信息素养的基础

信息知识是信息素养的基础。信息知识指检索信息的途径和方式、信息技术的原理知识和对信息相关知识的预测、理解和运用。教师要想高效合理地利用信息知识，并让其发挥更大的作用和价值，必须要掌握信息知识的检索方法和发展规律。

信息知识不但涵盖了理论知识、实践应用知识和人们对信息化内涵实质的领悟和感受等，而且涵盖了信息技术应用的原理知识、计算机软硬件知识以及对工作学习前景发展的影响等。现代教育技术的基本理论知识主要包括教育技术的基本内容、产生与发展、多媒体设备的使用方法和技巧、信息化软件开发、教学设计的原则和方法以及课堂教学中具体应用等。

英语教师不仅需要掌握现代教育的技术理论，还需要掌握信息素养与行业交叉结合的相关知识。英语教师信息知识的丰富性主要体现在对信息知识的吸收和利用上。因此，英语教师必须具备充足的信息知识储备能力和较强的信息知识吸收运用能力，才能做到信息技术与学科课程的融合。

（3）信息能力——信息素养的保证

信息能力是信息素养的保证。人们通过信息技术培训后，不仅能够利用自己的信息知识和信息能力从大量无序的信息中快速识别、获取并熟练运用他们需要的信息，还能够主动对信息进行更新创造。主要涵盖以下三方面内容：

第一，快速搜集信息。教师能够明确自身所需求的信息内容，清楚如何去搜集它们，知道怎样使用各种浏览器和相关软件下载各类信息，准确辨识大量信息并提取自己需要的有用信息。

第二，加工处理信息。教师能够汇集、分析、处理、选择和分类自己所获取的信息，并从自身需求出发解决工作和生活中的实际问题。根据调查统计可知，大多数教师在日常教学工作和论文科研中经常会使用基础的办公软件，如PPT、Word和Excel等，这些软件可以用来制作简单的表格、课件和文档等。教师可以熟练选取必要的音频和图片插入其中，在课堂上展示，帮助学生学习和消化知识。有少部分教师在此基础上还可以设计一些简单的教学网页和学习软件，将本学科的重点知识和教学的重难点放入其中，灵活地进行课堂教学活动。

第三，生成表达信息。教师能够从需求和目的出发，通过自己的详细思考编辑处理信息，运用信息技术将问题解决的过程和结果展现、公布出来，以供学生互相学习、交流和探讨。学校要加强教师培训，依据教师信息知识和信息技能水平以及岗位需求情况分层次进行培训，重点关注教师的信息知识，提升教师使用多媒体设备的能力。

（4）信息道德——信息素养的准则

信息道德是信息素养的准则。教师要自觉遵循信息伦理和信息法律要求，维护信息安全，遵守信息道德。信息道德主要表现为教师进行检索整理、分析评估和传递运用信息时所需要坚持遵循的一些伦理道德规范。

教育以德为先。信息道德是信息社会最基本的道德规范之一，时刻调控着人与人之间相互交往的社会行为规范。先进的互联网技术使得教师的教学模式更加具有开放性，为教师的日常教学工作带来了很大的便利；但它也有一定的弊端，如黑客攻击、网络病毒入侵、破坏他人研究成果、泄露他人隐私等不良现象。

作为信息的生成人员，教师应该选择有着积极影响的信息进行加工和更新，从而输出对社会、学生有益的信息；作为信息的接收人员，教师应对有负面影响的信息进行抵制，首先要对参差不齐的信息进行筛选，其次再传递给学生，从而保障学生的身心健康。

2.英语教师信息素养现状与成因

（1）英语教师信息素养现状

一方面，随着教育信息技术的发展，英语教师的权威地位受到了冲击。过去，英语教师是学生获取知识的主要渠道；现在，学生只需动动指尖，便可了解任何信息。在"互联网+教育"时代，英语教师究竟扮演着什么样的角色是值得深思的话题。

另一方面，部分英语教师的教学方式仍然比较传统。虽然现实要求英语教师与时俱进，但部分英语教师的教学方法只是"换汤不换药"，他们认为仅仅将原本在课堂上讲解的内容照搬到在线平台，把传统的多媒体课件改为视频格式，把课内、课外作业平移到英语学习应用软件上就实现了"互联网+教育"。可以看出，部分英语教师的教学方式并未实现与信息技术的深度融合。

（2）成因分析

第一，信息意识不强。大学英语教师与中小学英语教师相比，平均年龄偏大，对信息技术发展、变革的敏感度和接受程度偏低。在教育信息化时代浪潮的推动下，许多英语教师只是被迫改变，并没有意识到智慧教育对提升教学效率和改善教学质量的意义，适应和学习教育信息技术的主观能动性不强。

第二，教育信息化水平不高。由于英语教师肩负教学和科研的双重任务，进行集体备课的机会有限。即便是大学英语这样的公共课，许多学校也只要求内容一致，并未硬性要求课件统一，所以教师的教学偏个性化。这一方面充分保证了教师教学的主动权，但另一方面也降低了学校对教师学习信息技术的要求。即便有的教师已经领会到了信息技术的重要性，但由于缺乏交流和培训的机会，想自我提高也不得其法。所以，许多英语教师教育信息化水平不高，无法满足"互联网+教育"的时代教学要求。

第三，英语教学与信息技术深度融合的探索不够。教师是教学改革的探索者和实施者，是教学改革的关键。但由于不能熟练运用新技术、新方法，部分英语教师通过网络了解教学前沿动态信息的速度比较慢，收集、筛选和整合教学信息的能力不强，对教学与信息技术深度融合的探索犹如"无源之水"。同时，无法有效利用智慧教育平台保留学生的学习数据以及利用大数据对学习效果和学习规律进行分析，使英语教师错失了开展教学改革的机遇。

3.提升信息素养的途径

（1）加强信息意识

英语教师首先应该转变自己的观念，意识到信息素养既是时代发展的要求，也是自身发展的需要。近年来，学界在总结多年英语教学成果的同时，也开始对现有教学模式进行深刻反思。面对改革创新的节点，英语教师应将教育信息技术看作开拓创新的契机，变被动为主动，积极关注教育信息技术的发展动向，有针对性地参加校内外组织的各种教育信息技术培训，从而提升掌握信息能力，实现自身价值，提升英语教学质量。

（2）提高信息收集、筛选、整合和加工的能力

虽然信息技术发展迫使英语教师重新审视自身角色与作用，但新兴技术也让教师从繁重的重复性工作中解放出来，教师可以探索更丰富多样的教学形式。英语教师需重视学生听、说、读、写、译各方面技能的培养。互联网能提供大量的学习材料，并创设语言应用的环境。英语教师可以根据教学计划，从网络上选择英语母语者的文字、图片、音频和视频资料，充实课本内容，利用在线教育平台，模拟真实的语言环境，采取情境教学，促进学生合作学习。在语言教学的同时，这还能让学生积累英语相关国家的社交和文化知识。

此外，如今的信息资源较多，学生仅需简单操作，便能随时获取。海量的信息资源反而让学生无所适从。英语教师可以帮助学生筛选、整合最适宜的学习资源，鼓励学生自主学习，以提高学生学习效率。同时，英语教师还是学习资源的加工者和创造者，可以根据教学需要，制作数字化学习资源，从知识的接受者变为传播者。

（3）提高适应数字信息传播规律的能力

在"互联网+教育"时代，教师既是信息收集者，也是信息创造者。现在，学习英语的媒介已经从书本扩展到了电视、电脑和手机。信息的碎片化传播深刻改变了学生的学习方式，这也要求英语教师在制作教学资源时顺应数字信息传播规律。例如，微课的制作并不是简单地将电子课件以视频形式演示一遍，而是在相对短的时间内，以动态的方式呈现完整的教学过程。教学内容可以是某个语法点、某篇课文或者某个文化现象，内容多样且形式不限。学者闫俊霞提出，教师在设计微课时应注重发挥传播者的可信性，利用移动设备和在线平台的灵活性，传播目标明确的教学讯息，以满足学生泛在学习的需求。只有掌握了信息在网络媒介中传播的规律，英语教师才能不断挖掘自身潜力，创造性地为学生提供学习资源。

（4）提高探索"互联网+教育"新型教学模式的能力

由于人才培养方案的修订，不少学校缩减了英语课的课时。但英语能力与学生考研和就业息息相关。如何做到减课时的同时保证教学质量和人才培养质量是摆在英语教师面前的现实问题。在线教育平台不受时间、地点的限制，英语教师可以充分发挥其促教、促学的作用，采取线上线下混合式教学以及"课外自学、课内翻转"的教学模式。此外，英语教师还可以以此为据，深挖英语教学规律，积极推进英语教学改革。

（5）提升信息道德素养

与知识的权威性相对应的就是信息的原创性。英语教师既要尊重他人的劳动成果，也要注重保护自身的知识产权。不少英语教师对"版权所有"的敏感性比较低，建设在线课程时使用了他人的文字、图片、音频或视频材料。比如在英语听说课中有的教师直接截取付费影视作品的片段给学生做实例，又或者未经许可将其他教师的微课、慕课拿来为己所用。虽然有时是无意为之，但做了错误示范。因此，英语教师不能搞"拿来主义"，应注意所使用教育信息资源的版权问题。另外，英语教师还应注意原创教学资源的授权问题，发现侵权行为应及时制止，维护自身权益，从自己做起，营造良好的信息环境。

（五）师德素养

1.新时代师德建设的重要意义

（1）有助于新时代高素质人才的培养

教师是教育的重要组成部分，在教育中占有重要地位。提高教育质量是培养合格人才的关键，也是我国教育事业的重要组成部分。社会经济的快速发展，有利于形成人与人竞争的环境，激发人的潜能，促进人的全面发展。同时，也为利己主义、享乐主义提供了温床，将大大降低教育的最终效果。因此，良好的师德是提高教学质量的先决条件，加强师德建设是全面提高教学质量的需要。

教师是教育任务的政策执行者。完成教育计划不仅要求教师与时俱进、及时更新自身的知识库，更要求他们具备良好的师德修养。学校是培养高素质人才的场所，教师是能够培养出高学历、高技能人才的关键因素。教师如果不能热爱自己的岗位，就很难培养出理想的人才。师德建设可以从与学生建立良好的沟通开始，教师在日常学习中加强与学生的沟通，充分了解学生在各学习阶段所经历的困难和心理变化。只有拥有高尚的师德，教师才能保持不断钻研教学内容、创新教学方法的热情，进而全面提高教学质量。因此，教师加强师德建设，树立正确的教学观，既能有效提高自身的教学能力，又能帮助学生获得更好的教育，实现学生综合素质的全面提升。

（2）有助于新时代立德树人

教师在教书育人活动中与学生直接接触，他们的言行及道德品质会对学生产生重大影响。如果一个教师达不到应有的素质水平，便会对学生进行错误的引导，给学生带来很大的负面影响。教师作为教育的主力军是培养人才的关键，教师的师德水平直接影响着教育质量。教师的责任不仅仅在于传授知识、发展学生的智力，更重要的是积极引导学生的三观，让学生成为具有道德情操的时代新人。

良好的师德不仅能帮助教师调整好人际关系，也能使教师之间形成合力，使教师相互学习、共同进步，以更好地促进教师队伍的建设。教师的乐观精神、高尚品格会深深感化学生，帮助学生形成阳光向上的品质。同样，学生良好的道德品质也可以促使教师更加认同自身身份。相反，教师如果稍有松懈，就可能会逐渐跟不上学生的思维节奏，不能适应学校教育的需要。因此，加强高校师德建设有助于新时代立德树人。

（3）有助于新时代科研能力的提升

高校是科学研究的重要场所。学风和科研体现着一所高校的实力和发展潜力。高质量的大学不仅是传承和创新文化的圣地，还应该是培养学术道德和师德的圣地。因此，重视高校师德中学术道德的发展，是教师提高科研能力、提高自身实力的保障。

对高校教师来说，教学和科研是不可割舍的，科研能够为教学提供更多新的内容，二者是相辅相成、相互促进的。同时，科研的新成果也为社会发展注入了新的活力，高校教师高超的科研能力和高质量的学术成果，有助于增加自身的威信。科学研究来不得一点虚假，虚假的抄袭只会影响科研的效果，从而影响教育的质量，故严谨治学是所有高校教师应具备的素质。

良好的学术道德和师德师风是学术和科研的前提。高校教师师德，特别是学术道德对学术研究有促进作用，有利于学校形成良好的学术风气。只要高校教师恪守师德规范，增强学者自觉性和自律性，主动防范不良学术思想风气，高校就能不断提高科研创新能力，形成良好的学风。因此，高校在重视教师工作能力的同时，更应该重视高校师德的建设，这有助于教师严谨治学，有助于净化高校学术不端的不良风气，有助于提升整体科研能力。

（4）有助于社会主义核心价值观的弘扬

随着人们对教育的重视，高校师德对社会公德的培养和建设的促进作用逐渐突显。高校是物质文明和精神文明的源泉，是各种先进思想和新思潮的重要发祥地之一。高校教师作为一个具有较高学历、知识水平和社会地位的群体，一方面其思想状态能够对社会起到辐射作用，另一方面其影响也会随着学生毕业走向社会而渗透到社会。因此，高校教师在社会上具有很大的影响力，应承担起传承优秀文化，弘扬真、善、美的使命。

现阶段，随着社会的快速发展，一些人追求私利，忽视公共道德；一些人对道德冷嘲热讽。因此，弘扬社会主义核心价值观念，使之深入人心就迫在眉睫。人们价值观念中所体现的政治思想、道德规范等无论在精神上还是在行动上都需要高校教师身先士卒，为学生、社会做出表率。高校教师的道德言行会直接影响学生和周围的人，他们的角色和身份决定着人们更高的期望，也决定着他们的言行、修养。因此，在新时代加强高校师德建设有助于教师发挥更大的社会价值，促进社会整体道德水平的提高。

2.培养师德素养的途径

（1）大力提升教师师德素养

第一，树立典型榜样。古语云："近朱者赤，近墨者黑。"由此可知，环境对人的影响很大。树立高校师德的典型榜样，不管是对榜样自身还是对榜样周围的人都会产生积极的影响，激励其他教师不断见贤思齐。因此，在高校教师师德的建设方面，高校管理者应注意树立教师典型，加强教师之间的沟通与学习。在宣传过程中，可以采取每日校园广播、新时代最美教师专栏、校史馆事迹等方式进行展示。特别值得注意的是，为了接"地气"，可以开展"师德建设年"等类型的活动,唤醒高校教师的发展意识,提高师德建设成效。通过典型事迹宣传,引导教师向榜样学习,学习他们的高素质,思考他们的高要求,有助于提升教师自身的道德修养,进而提高教师整体的道德素质。

第二,加强师德培训。教育家苏霍姆林斯基(Cyxomjnhcknn)说过:"如果一个人没有掌握道德修养的基础知识,他的精神修养将会是不完备的。"对高校师德规范和自身新时代所肩负的使命具有充分认知,是高校教师加强自身师德修养的前提和基础。教师作为高校的主力军影响着高校的发展,因此对高校教师进行师德培养尤为重要。

(2)建立健全师德管理机制

第一,创新师德教育机制,激发教师的内驱力。教师的师德教育如同学生的道德教育。师德教育内容不仅要立足于社会主义核心价值观,让教师意识到师德的重要意义,还要从教师的角度出发,考虑到教师的实际情况,制定在学校环境下教师师德的具体表现行为,让教师便于理解并做出实际行动。在师德教育中教师是学习的主体,教师要在师德教育情境中对自己的师德观念、师德行为进行自我检验,发现自己师德表现优秀的一面,也要反思自己的不足,听取他人的合理批评。师德教育机制为学校师德管理部门提供了师德教育的平台,同时也为教师提供了提升自身师德的平台。

师德教育的内容是师德教育的关键。师德教育要将社会主义核心价值观、"四有好老师"论述、《中华人民共和国教育法》、《中华人民共和国教师法》等各项教育政策与法规融入师德教育内容,激励教师树立正确的师德观。教育管理者可以通过问卷、访谈、座谈会等方法从教师或学生角度了解教师在日常表现中有哪些可以列为师德条目、哪些行为是需要教师以后注意改正的,通过采纳教师或学生的建议,充实师德行为规范,满足教师和学生的需求。师德教育内容要充实、具体、可操作性强,可以引导教师对自己课上课下行为表现的道德反思,实现道德内化。师德教育正是通过引导教师在一次一次的道德反思中调整自己的师德观念,更新自己的道德触发机制,逐渐提高自己的师德敏感性,最终逐步提高自身的师德修养,对学生、同事以及学校工作做出表率。

第二,摒弃传统的说教形式,创新师德教育方法。道德教育只局限于道德理论、道德观点的传授是不够的。道德观念的冲突和辩驳有利于道德思维的形成。灌输式的教育方法会对学生的学习兴趣有负向作用,教师同样会对灌输式的师德教育产生厌烦的情绪。师德的成长基于教师个人道德观念的进步,教师在自我道德认知的指引下已经经过多年的社会实践,形成一套道德体系。因此在师德教育中如何将教师固有的观念延续到师德观念中，如何打破教师在社会生活中、工作情境中所形成的利益至上的观念，引导教师愿意主动关心学生是至关重要的。教师的道德行动在道德认知的指导下和道德意志的监督下发生。经过多种教育途径形成的道德认知，需要通过适当的道德实践形成道德习惯。

首先，选取集中培训的时间段，组织教师集中培训。采用多种师德教育理论方法，举办师德知识竞赛、师德理论活动强化教师的理论学习；收集教师多年教学中的道德经验和道德困惑，整理成生动的师德故事，汲取教师的师德智慧。教师在这个教育过程中学习师德理论，反思自身师德行为，学习在相同相似情境下如何践行师德。

其次，组织教师模拟道德情境。组织教师情境演出，有条件的单位可以利用现代科技，如虚拟现实或增强现实展开道德情境的模拟。在情境演出中，设置教学中常见的情境，使教师能自觉行动、养成道德行动习惯。

最后，充分利用校园文化环境和教育媒体营造良好的文化氛围。可以利用校园文化宣传栏、雕塑作品、文艺汇演、校园公众号以及线上师德小视频等形式将正确的价值导向和崇高的师德行为潜移默化地渗透到教师的道德教育中。

第三，完善师德评价机制，形成公平、公正的师德评价环境。师德评价内容在师德评价中最为重要，应在相关文件的基础上广泛收集学生、教师的建议，尊重教育规律，尊重教师意愿，制定操作性强的评价内容，以提高评价的实效性。教师师德内容的重要性没有强弱之分，每一条内容都是教师应该具备的。具体来说，师德评价内容可以包括以下几个方面。

①潜心教书育人。教师在教育教学中要体现公平性，具有启发性。教育的根本任务是立德树人，学生是教育教学活动的主体，教师在教学中要激发学生学习的主动性，挖掘学生的潜能，促进教育公平。在大班教学的背景下，教育对象的独特性和复杂性决定了教师工作应该具有层次性，教师在教学中应该考虑到学生之间的差异性，对班级里的每一位学生负责，尽可能体现教育公平。课堂表现对于学生来说是思想外化的过程。在高速运转的社会中，说话是衡量一个人思想深度、学识积累的标准之一。课堂能够给予学生的时间有限，要求学生在较短的时间内迅速回答问题，因此课堂中的发言机会对每一个学生都极其重要。教师在课前可以让学生每天准备一则消息或者故事，让学生在全班面前分享，在课中给予学生在全班面前进行表现的机会：一个是课堂提问，另一个是小组讨论后以组为代表的发言，教师在提问时需要保证学生发言机会的平等。学生的自习时间是学生自己查漏补缺的过程，也是教师针对学生的特

殊情况进行针对性辅导的过程。班级中有成绩靠前的学生也有成绩靠后的学生，在自习时间，教师需要对个别学习困难的学生加以关注，对学习超前的学生布置适量的自学任务，当然这都是要在教师对学生足够了解的前提下才能实施的。教师工作的主要场域是课堂，教师对教材的处理和师生课堂互动应该具有趣味性，能启发学生思考，肯定学生思考，引导学生接受并弥补自身的不足。小组讨论合作、案例教学、情境教学等多样的教学方法能够唤醒学生的学习兴趣。对于多年来一直受学校教育的学生来说，灌输式教育扼杀了学生学习的积极性，从根本上断送了学生的成才之路。教师评价对学生来说是思想变化的导语，教师要更正学生的一些不成熟的观念，肯定学生出彩的表达，在评价学生时对学生先肯定再更正。

②关心爱护学生。师生相处之道的关键在于平等，教师应该平等地看待学生的知识基础、思维差异、学习成绩、家庭环境等。对学生态度和蔼、友善，不因学生暂时的困惑而展示教师的学识优越感；在学业上严格要求学生，不因重要阶段性考试成绩排名而劝退个别学习困难的学生。视学生为独立的个体，教导学生如何在生活学习中进行自我管理。不把学生划分等级，关心班级里处于弱势的学生，帮助学生分析成绩差距的原因并引导学生制订学习计划，发现学生的闪光点，鼓励学生参加各项比赛，增强学生的自信心。允许学生交流质疑，耐心倾听学生的建议，肯定学生的质疑精神，引导学生更正错误。

③传播优秀文化。教师自身是文化的载体，向学生传授文化知识。教师向学生传播现代优秀科学家为国家奉献、优秀专业工作者兢兢业业从事本职工作的事迹，中国古代几千年优秀国学文化，农工商艺等取得的巨大成就等。同时教师自身具备的乐于助人、诚实守信的美德是学生的现实榜样，表现优秀的学生也是学生群体的榜样。针对学生传播不良信息、不实信息、错误信息，崇尚不良风尚的行为，教师要及时发现并制止。

④加强安全防范。通过班会、演讲、画报、座谈、知识竞赛等方式普及安全知识，包括地震、火灾、水灾等自然灾害来临时的逃生知识，溺水、被动物咬伤、电击后等情况的急救知识，安全知识的全面普及对学生拯救自己和他人生命至关重要。定期举行地震、火灾等安全防范演习，帮助学生锻炼应急能力。教师要在防范演习中组织学生有秩序地逃生，保护学生安全。教师要关心学生的人际交往，关注学生的恋爱交友情况，引导学生正确处理人际关系，避免学生因恋爱交友做出伤害自己和他人的行为。教师对有异常、极端言语行动的学生要及时进行心理疏导。

⑤规范从教行为。教师要遵守学校的规章制度，不迟到早退，不随意缺

课、停课、离职，在工作时间不做与工作无关的事情，不以任何不合理的理由干扰正常的教学秩序。

第四，完善师德奖惩反馈机制，激励教师提升师德修养。师德奖惩反馈以师德评价为基础。师德评价的目的是发现并惩处师德失范的教师，规劝师德不作为的教师，褒奖师德良好的教师为全体教师树立榜样，指导教师遵守职业规范，调控教师师德行为。学校需要构建良性的奖惩反馈机制，褒奖优秀师德的教师，惩治德行有亏的教师，在学校层面形成奖善惩恶的风气。因此学校要合理运用师德评价结果，在师德评价结果的基础上构建奖惩反馈机制。

首先是对师德评价结果的处理，将师德评价分值排序、划分层次。其次要建立师德档案，将每学期或每学年的师德评价结果归入个人档案，以三年或五年为周期，核算周期内教师师德评价评分，评选出师德标兵。

可以将师德评分作为教师岗位聘任、职位晋升、职称评审以及评优评模的依据。对师德优秀的教师给予提高课时费、资金等物质方面的奖励，或者优秀师德模范等荣誉奖励；三年或五年一评的优秀师德标兵授予省、市级荣誉称号，提高教师的社会声望。通过对优秀教师的物质精神奖励提高教师的职业幸福感，激励教师自觉注重师德表现，形成良性师德竞争氛围。对师德不合格的教师可以采取领导约谈的方式提醒教师注重德行、言行，针对有三次及以上不合格记录的教师，取消其当年职称评审、评优评模、奖金奖励等资格，严格执行"一票否决"制度，对越过师德红线的教师进行通报批评、解除聘任处罚。只有严格执行师德奖惩制度，才能激励教师做有德的教师。

（3）营造尊师重教氛围

第一，完善表彰奖励机制。马斯洛的需求层次理论揭示了人的多样化需求，包括物质需求、尊重与爱的需求、精神需求等。高校教师也有多样化的需求，物质需求、尊重与爱的需求、精神需求同样也存在于教师群体中。奖惩的目的是引导教师见贤思齐，这样既弘扬了教师职业道德，又在整个学校教师群体中营造人人追求自身价值的氛围，促使教师不断培养出优秀的学生，树立人民教师应有的光荣形象。因此，学校应充分保护教师的权利，特别是在教师薪酬福利方面。学校在关心教师时，除了注重物质奖励外，还应充分利用精神激励来满足他们的情感需求，鼓励教师自觉提高师德素养。所以，学校可以定期开展评选"年度师德标兵""最美教师""先进工作者"等活动。

第二，营造平等融洽的管理氛围。由于学校中有不同的群体，所以教育管理者只有了解不同群体的内心需求和真实想法，才能够营造平等融洽的管理氛围。教师作为学校不可或缺的一类群体，其需求与想法在一定程度上影响着学校的发展。学校领导应关注教师的需求与想法，提高师德建设的针对性和合理性。同时也要妥善处理好教师与领导、同事和学生等之间的关系，鼓励学校不同群体之间的沟通，形成向心力，更有利于师德建设。

第三，营造尊师重教的人文氛围。列宁说过："没有'人类的感情'，就从来没有也不可能有人类对于真理的追求。"一直以来，尊师重教就是中华民族的传统美德。只有营造尊师重教社会氛围，教师才能把无限的潜能和足够的精力投入教育事业中，完成立德树人的使命。营造尊重教师的社会氛围，必须提高教师的社会地位，形成重视教育、尊重教师的社会环境。

尊重教师的基础是尊重教师的人格，尊重其个性特点，这是人文关怀的前提。肯定教师的劳动成果，激励教师不断创新教学实践，使其在专业知识的基础上发挥自身的人格魅力。因此学校领导要有"伯乐"的眼光，了解每个教师的特点与长处，为教师提供发挥自身潜能的机会。

第四，宣传师德正能量。在当今信息化的背景下，媒体对个人生活影响很大。媒体的影响有利有弊，关键在于如何利用媒体，弘扬社会主旋律。媒体宣传范围大、传播快，且媒体带给人的多种感官体验是传统方式所欠缺的。因此，师德建设也需要与时俱进，有效发挥媒体拥有的传统路径所不具备的优点。媒体的发展为师德建设注入了一股新的力量，为师德建设提供了有力的平台。应利用媒体更多地宣传师德在育人工作中的重要性，引起学校和教师的重视；进一步推进教师道德行为准则，让师德建设成为学校常态化建设；榜样的力量也不容忽视，可以借助媒体传播优秀教师的师德方面的事迹，唤起其他教师的反思，进而在整个社会中营造尊师重教的良好氛围。

（六）教学反思

1.反思的定义

反思是行为主体自发的、有目的性地对自身及自身之外的活动进行回顾和批判的分析过程，以批判者的角度去评判成败与得失，并对后续的行为产生正迁移。他山之石，可以攻玉。教师不能只考虑自我，教学反思是一种互动式的活动。教师在进行自我评价的同时，要参考同事的教学实践活动，实现共同进步。在这个过程当中，教师能够生成一些与过去的想法或者观念不同的理解角度，无论是对主体的认识还是对事物的思考，都是不同于之前的。

2.教学反思的定义

教学反思是教育主体对自身教学过程中的一切活动进行主动回顾和分析

的过程。在这个过程中，教师批判性地对教学理念、教育行为、教学效果等进行更新和调整，以求达到更好的教育教学效果。

3.英语教师进行教学反思的对策

（1）更新教育理念、提升综合素养

终身从教的理想信念可以推动英语教师的职业发展。丰富的教育理论知识可以更好地指导教师的教学实践。英语教师的教育理论知识与能力的获得有两种：第一种为书本知识，书本知识是规律的，一成不变的；第二种为自身的教学经验，教学经验的积累可以形成新的知识。教师通过不断的审视，回顾自身的教学，构建自己的新知，形成反思的新思维。对教学反思的理论英语教师如果不能很好地深入研究，只会让理论脱离实际。英语学科的专业理论知识同样也是需要更新的，因此英语教师要用发展的眼光看教育对象。学校也是教师成长的基地。骨干教师应做起榜样的力量，让自己的教学充满智慧；年轻的教师教学热情高，学习能力强，结合现在的网络资源向专家学习，让慕课、微课、在线学习成为教学的日常。所以，英语教师要留心观察，用思维指导行动，最后取得良好的教学效果，让自己迈进研究者的角色中。

（2）养成良好的教学反思习惯

第一，制定相关制度、促进教师进行反思。学校应对教师教学反思的理论和方法有一个明确的考察方法。合理的教师评价制度能够培养教师对教学反思的认知、改进教学反思的方法，细化教学反思的内容，从而促进英语教师进行教学反思。学校应把教学反思的制度评价看成一种管理形式或目的，制定考察指标。

第二，撰写案例式教学反思、促进教师进行反思。教师在工作中经常会遇到的一些教学突发状况，这些状况都需要教师的教学智慧去化解。教师针对课堂上学生的表现，可以反思自己的教学内容。根据学生的反馈，随时记录教学中所发生的故事，为自己建立资源库。

（3）注重专业发展

英语教师培训存在的问题主要包括教师培训没有贴合教学生活实际、培训途径单一、时效性不高等。培养模式的改革是多方作用的，包括教师个人、学校政策的大力支持、学校的密切配合等。遵循教师的成长规律，对就职前的英语教师提供实习的平台，为在职的英语教育注入新的活力和资源。

二、学生

学生是英语课堂教学的主体和中心。每个学生都是独特的个体，他们之间存在着各种差异，英语教师在进行教学的时候必须关注学生的差异。

（一）语言潜能差异

作为一种稳固天资，语言潜能就是侧重语言能力的学习抑或语言学习所具备的认知素质。语言潜能因学生的差异而有所不同，教师在课堂教学过程中要根据每一位学生的语言潜能进行针对性的教学，让每一名学生能够在不同情境下面对不同的学习任务都可以充分发挥自身优势，从而强化英语教学效果。

（二）认知差异

1.学生认知差异产生的原因

首先，学生在认知水平和心理特征方面存在差异性。由于遗传基因不同和成长的经历不同，不同学生的认知水平以及心理特征存在一定的差异性。而且不同学生的思维理解能力是相对不同的，面对同一事物的反应也各不相同。这种差异一方面体现为学生在待人接物方面所表现的行为不同，另一方面体现为学生在学习过程中接受能力的不同。

其次，学生的学习适应能力以及接受新知识的能力存在差异性。这就要求教师在实际教学过程中，采取因材施教和分层教学模式，既要关注学生发展的主体地位，同时也要尊重个体之间的差异性，依照学生各自不同的特点，设计针对性的教学方案，使学生能够在学习过程中转变思维方式。

最后，学生学习态度的不同以及教师教学手段的差异也会导致学生在认知层面上的差异。一方面，学习态度是决定学生学习成绩的基本要素之一，除此之外，教师的教学方法、教学策略也是导致学生在学习过程中存在差异的原因。因此，教师要帮助学生端正学习态度，优化教学方法和策略，提高整体教学效果。

2.遵循学生认知差异的意义

遵循学生认知差异首先能够提高班级整体的学习效率。由于认知差异，学生在知识获取以及知识巩固阶段的学习过程中，通常会表现出不同层次的认知水平，导致成绩参差不齐。所以，教师采取多样化的分层教学模式以及设计具有针对性的教学实践内容，一方面可以照顾到不同层次的学生，整体提高学生的英语成绩；另一方面也能够让学生感知到英语学习的魅力，以此来优化班级整体的教学效果。另外，它还能够促进学生发散性思维的升级。在英语教学阶段，教学目标的设定除了要求教师要注重学生的英语基础能力之外，还要培养学生的英语认知能力,即能够用更为科学且简便的方法来解决实际的教学问题,以此来培养学生的英语思维。

(三)情感因素差异

第一,性格。在诸多情感因素中性格至关重要,学生是否能够有效进行英语学习在很大程度上取决于性格。第二,学习动机。学生只有产生了英语学习动机,才能决定其学习的方向,并向着学习目标而努力。第三,态度。学生学习英语的另一重要影响因素是态度。针对某一目标而言,个体的好恶程度为情感成分,个体的信念为认知成分,个体的行动意向与现实行动为意动成分。

第二章　英语写作的影响因素

写作是英语的主要输出方式之一，是全面提高英语综合应用能力的关键，但是许多学生在英语写作方面都存在着问题。本章对英语写作的影响因素进行研究，以期为英语写作提供指导。本章主要分为母语水平对英语写作的影响、英语水平对英语写作的影响、思维能力对英语写作的影响、写作动机对英语写作的影响四部分，主要内容包括母语迁移对英语写作的影响、阅读能力对英语写作的影响、词汇能力对英语写作的影响、写作思维以及英语写作思维的培养等方面。

第一节　母语水平对英语写作的影响

一、母语的内涵

《辞海》里注明："母语，指儿童习得的第一语言，多为本民族或本国语言。"也有研究者认为："母语，一个人最初学会的一种语言，在一般情况下是本民族的语言或某一方言。如果某一民族的标准语是所在国人民共同使用的语言，那它就是国语了。"毋庸置疑，汉语是中华民族的标准语言和共同使用的语言，是中华民族的国语。因此，汉语就是中华民族的母语。

二、母语迁移对英语写作的影响

（一）母语迁移现象及其对语言学习的影响

1.母语迁移概述

在第二语言学习过程中，由于受到母语思维的影响，部分学习者往往会将母语思维带入第二语言应用过程中,继而导致母语迁移问题的出现。研究人员指出,在语言学习过程中,学生学习第二语言有利有弊。对于我国英语教学而言,汉语母语负性迁移问题较为明显。由于这一问题的存在,学生往往难以合理提升英语书面表达能力,这对学生英语综合素养的培养造成了极为不利的影响。

2.母语迁移对语言学习的影响

在英语教学过程中,母语迁移现象对学生英语书面表达和学习造成了一定的影响,这种影响有利有弊。有利的一面在于,通过对汉语与英语之间语法结构形式的合理分析与探究,英语教师可以帮助学生较为容易地理解与认识相关英语文章,对学生英语知识的有效学习与合理掌握具有一定的指导意义。

然而,在英语写作过程中,母语负迁移的影响相对较大。在这一问题上,研究人员指出,由于受到母语语法思维的影响,学生在使用英语进行书面表达的过程中往往存在表达方式汉语化的特征,继而导致"中式英语"的形成,不利于学生有效应用英语句法及设计语篇结构,对学生书面表达能力的提升造成了阻碍。

(二)英语写作中母语迁移问题的主要表现

1.词汇应用的母语迁移

在教学研究过程中,通过对汉语与英语两种语言进行对比可以发现,在表达方式问题上,两种语言之间具有较大的差异性。在英语教学过程中,由于受汉语思维的影响较大,部分学生往往会依据汉语的语言模式进行表达,不利于英语书面表达的准确性。

2.句法应用的母语迁移

在句法结构问题上,汉语与英语在对相关意义进行表达的过程中同样存在着较大的差异性。对主、谓、宾等不同词汇的应用方法,两种语言的顺序与结构存在一定的不同。在书面表达过程中,由于受到汉语表达思维的影响,部分学生往往会依据汉语的词汇顺序进行直译,从而导致英语书面表达的含义受到影响。

3.语篇应用的母语迁移

从文章结构的角度分析,在英语与汉语等两种语言中,由于文化差异与思维模式差异的影响,二者的语篇结构往往存在一定的差异性。在书面表达过程中,由于受到母语迁移现象的影响,部分学生往往难以合理摆脱母语对其造成的影响，从而无法合理设计书面表达结构。针对这一问题，研究人员表示，汉语文章的主题表达相对较为含蓄，相比之下，英语文章的主题表达往往具有较强的直接性。基于此，在书面表达过程中，学生应结合实际情况进行表达模式的探索与优化。

（三）减少母语迁移的建议

1.学生减少母语迁移提高写作能力的建议

（1）准备英英词典，合理利用派生法

不管是高水平的学生还是低水平的学生，在词汇层面上最容易犯的错误就是单词的误选，也就是说，学生在拿到一个汉语词汇时，脑海中只对应出了一个英语词汇或者是多个英语词汇而不知如何选择。高水平的学生可以准备一本英英词典，在词汇量充足的基础上借助英文解释和语境实例更加细致地去区分不同英语单词之间的差异，并进一步从单词的中文释义逐渐转向英文释义，因为有限的中文释义并不利于学生掌握单词具体的意思。而同样针对单词问题，低水平的学生则首先需要保证借助词典完全掌握所知道词汇的使用方法后再进一步扩大词汇量，以免造成混淆。两种水平的学生在学习词汇时，除了要了解英文释义外，也要格外注意词性的问题，可以通过派生法借助前缀和后缀去记忆其派生出的名词、形容词等，这也是扩大词汇量的最佳途径。此外高水平的学生还需要注意介词的使用规范，多从题目和阅读中归纳介词使用的语境和意义。而低水平学生则要多对名词单复数问题进行巩固训练，并归纳记忆特殊名词的复数变化规则，打好基础，逐步提高写作能力。

（2）分析句子结构，练习巩固

两种水平的学生都容易出现不完整句和谓语堆砌的句法问题。不管是何种水平的学生都可以在学习课文或者做阅读时对句子进行成分分析，通过对句子成分的划分可以更好地了解英语的句法结构。学生要明确一个完整的句子由主、谓两大部分组成并且有固定的句型结构，在此基础上进行大量练习，还可以根据自己的水平做相关的谓语专项练习或者尝试翻译一些简单的句子拿给教师批改等。通过以上的方法，主谓不一致的问题和语序混乱的问题也能逐渐得到解决。

（3）熟读英语文章，加强语言输入

不管是高水平学生还是低水平学生，中式英语和缺少连接词的问题都不容小觑，而要克服这个难题，首先要有足够的输入。我们知道在汉语言学习中，学生经常被要求背诵或熟读大量的语篇或诗词，目的是使汉语的输入量达到一定的程度，只有一定量的输入才能够输出。美国语言教育家克拉申（Krashen）认为，语言习得是通过语言的输入来完成的，学生在书面表达中出现严重的母语负迁移问题，部分原因是语言的输入量不够，并且汉语和英语又属于两种不同的语系，这就导致在写作过程中学生极容易受汉语思维的影响而逐句翻译套用汉语，使整体语篇生硬且难以理解。学校可以订阅报纸供学生阅读，学生可以在完成学习任务之后，参考教师的意见，根据自己的水平选取部分简单易懂的英文原文来阅读，一方面可以增加词汇量，另一方面可以积累一些地道的表达习惯、英语语篇的衔接手法。根据克拉申的监控假说可知，学习者不断地阅读并积累语言材料到一定的程度时，在写作的过程中就可以实时的监控语篇的输出，使得语篇不连贯和中式英语的问题得以解决。另外，高水平的学生可以通过每次考试收集写作范例，学习规范的表达习惯，有意识地减少祈使句的出现。低水平的学生则要重新了解基础连接词的使用规则，有意识地圈出连接词或自己填写连接词来弥补此类语篇问题。

2.教师减少母语迁移提升写作教学水平的建议

（1）有针对性地进行评讲训练

学者林红、张丽平在对学生写作现状的分析中提到，很多学生认为教师进行写作教学时的模式单一，不能有效地提高学生写作的积极性。如果教师只是对写作文本进行轻描淡写的点评的话是不能从实质上提高学生写作能力的。高水平的学生和低水平的学生在书面表达中受母语迁移影响而犯的错误虽然有一定的偏向性，但也有共性。例如，他们都会在词汇的选择上犯错，在书面表达中也都频繁出现不完整的句子以及多谓语的问题，中式英语也是频繁出现的问题。在进行多次写作训练后，教师可以把类似错误做一个归纳总结，筛选出具有代表性的错误在班级进行纠错讲解并附上相关练习让学生加以记忆，避免类似错误再出现。教师也可以在班级中做问卷调查，根据不同学生的反馈，从中选取几种有效的方式进行实践以调动学生的写作积极性。

（2）及时纠正错误，理解语言差异性

当教师发现学生写作文本中的错误时，要及时地予以纠正。例如，学生在进行词汇的选择时出现错误，教师可以列出相似的英文单词，并将细微的差异用英语解释，加深学生对相似词汇的理解，提高学生的用词能力，并结合语境引导学生选择最佳的答案。汉语和英语不管是在习俗、文化还是语言方面都存在着很大的差异。学者吕叔湘曾指出，只有让中国学生了解汉语和英语的差别所在，才是真正意义上的帮助。而要了解这种差别所在就要尽可能将汉语的情况跟英语做比较，如在词性、语义、句子结构上等。因此教师可以在平时的英语教学中通过对比和其他国家文化、历史、习俗的不同来帮助学生了解差异性，让学生在差异中寻找平衡点，并且不断地将新知识应用到写作中。

（3）评价方式多样化

目前，写作评价的普遍方式仍然是学生上交写作文本后教师打分并圈出明显错误的部分，但有时教师时间有限也无法将所有的问题悉数找出。这时教师可以采取同伴互评的方法。每个人的思维方式不同，采取同伴互评的方法可以使作文文本得到更仔细的修正。学生可以把经过同伴互评后的文本再次进行修改后上交，由教师来把最后一关。这样可以在减轻教师工作量的前提下提高学生的写作效率和积极性。另外，有学者提出了"靶向式评价"的写作评价模式。简言之，就是教师在对学生的写作进行评价时要有针对性的反馈，如聚焦在单词、语法或语篇上等进行"靶向式"的评价和训练。这种评价模式和训练模式可以更有针对性地促进学生写作能力的发展。

第二节　英语水平对英语写作的影响

一、阅读能力对英语写作的影响

（一）英语阅读对英语写作的积极影响

英语阅读作为英语语言知识学习的输入途径，能够带来诸多的积极影响。而写作作为重要的英语语言知识学习的输出途径，能够极大地锻炼学生的英语语感应用能力。所以，英语阅读对英语写作有着积极影响。

1.丰富学生文化知识储备

阅读英文原版资料可以极大地丰富学生的文化知识储备，增加学生对西方文化背景的了解程度。在进行英语教学的过程中，如果教师只注重教材内容的讲解，强调学生必须背诵记忆教材中的语法和单词，那么学生的英语学习成绩往往无法真正代表学生的英语实践能力。而阅读英文原版文章，尤其是由英语语言国家的学者所撰写的文章，将使学生充分地了解到英语语言国家的文化内涵、感受到不同于中国文化的人类文明魅力、领略到英语语言独有的魅力。在阅读过程中学生会加深对西方文化的了解，提升自身文化知识储备量，使英语学习更有实际意义、更为扎实。所以英语教师在进行写作教学时，可以引导学生阅读由英语国家学者所撰写的、符合学生兴趣特点的、能够充分彰显出英语文化魅力的经典名著。比如《华盛顿广场》一书中的内容可以加深学生对19世纪美国社会现状的了解，而且该书已经改编成电影，学生可以在阅读之后再观看影片，进一步地加深对该书籍的理解，也能够提高自身对美国文化和社会背景的认知水平。

2.培养学生优秀语感

学生在学习英语的过程中要逐渐养成正确使用英语语言的习惯，而这往往被称为语感，能够体现出学生对英语的词汇理解能力和使用能力。一般情况下，我们可以将英语的语感分为两个层次进行理解，分别是对英语辨别和感知的能力以及对英语背后所表达的文化思想和情感的综合感知能力。在英语学习过程中，培养学生准确的语感是十分重要的。教师要注重学生的语感培训，使学生能够尽可能多地通过阅读来增强自己的语感。而有效提高学生语感的阅读形式不应该仅限于教材，只有拓展学生的阅读面才能够极大地加强学生的语感培养效果。语感的培养将是一个较为漫长的过程，所以这就要求学生必须尽可能多地阅读，而且读的也应该是英文原版的期刊、散文、小说等。经过大量的阅读，学生可以培养自身的语感和英语思维，进而在写作的时候可以按照英语的思维来思考和写作，使写出来的文章更加符合英语特色。为了加强英语阅读对学生英语语感的促进作用，教师可以引导学生进行仿写，让学生读过一篇英文文章后进行仿写，进而使学生在实践的过程中加深对英语文章的理解，也能够使学生的写作能力得到进一步的提升。

3.提升学生写作技巧

写作是一道非常复杂的工序，不仅要求学生具备良好的语言应用能力，也需要学生具备一定的语言素养。因此学生不仅要充分地掌握英语写作所需要的英语词汇和语法知识，更要具备一定的思想辨析能力，使写出来的文章不仅符合语言逻辑，更具备一定的思想内涵。学生通过英语阅读可以了解其他人的英语写作方法，掌握更多的写作技巧，了解到同一个命题下其他人是如何进行思想表达或者其他人会有怎样的思想内涵，进而能够丰富自己的思想素养，在面对相同命题时更有内容可写。所以为了提高学生的写作能力，教师在引导学生进行英语文章阅读时，应该选择思想内容丰富、主旨明确、能够代表正确价值观的文章或书籍。在学生阅读之后，教师也需要帮助学生梳理思想，通过撰写读后感或者开学习讨论会等方式来加强对学生的思想锻炼，而这也将极大地提高学生的写作技巧水平，使学生的文章更有内容、更加丰满。

（二）英语阅读与写作教学相结合

1.改变英语阅读和写作的教学想法

英语教师应当认识到将英语阅读和英语写作教学相结合的重要作用，改变自己的教学想法。教师在教学的过程中需要增强学生的综合素质，让学生能够熟练地运用语言。同时，在阅读教学时也要培养学生的语感，增加学生词汇量的积累，让学生认识到东西方知识和文化的差异性。这样有利于学生思维的发散。在教学前，教师要准备好教案，合理地安排教学的顺序和教学版块，设计教学内容，让学生对每一章的学习主题进行自由写作。这样可以推动学生发散思维，启发学生开拓创造性、学习新的知识和词汇，增强学生的写作能力。

2.开展相关的英语实践活动

英语教师如果只让学生背枯燥的语法和单词，就会使学习效率低下。所以，教师要积极开展一些有利于学生阅读和写作教育的实践活动，帮助学生增加对英语学习的兴趣，让学生在活动中学到知识，这不仅可以让学生对英语学习有积极性，还可以增加课堂交流、提升教学效率。同时，学校也可以积极举办相关的演讲比赛、写作竞赛、英语脱口秀等，锻炼学生的英语创作能力，培养学生的语言能力和语感，帮助学生进行口语训练，从而提升学生的综合素质。

3.帮助学生寻找文章关键词

在对学生进行阅读方法的教学时，教师不要忽略阅读当中的关键词。一篇文章最重要的知识点就是关键词，所以说找到文章中的关键词对于整个英语阅读都起到了很大的作用。那么，在找文章关键词的过程中，学生要拥有强大的词汇量。所以说教师在阅读教学中应当帮助学生根据关键词深入阅读文章，加强对文章的阅读和理解，通过关键词找到文章的中心句和主旨。阅读完后，要针对文章当中出现的关键词让学生进行归纳和总结，并且要求学生掌握相关词汇，为今后的阅读学习打下良好基础。

4.建立学生与文本的联系

建立学生与文本的联系就是让学生利用一个单词了解整句话的含义,由此了解文章的内涵和思想。所以教师在教学过程中要注重学生和文本之间的对话和交流,在阅读的过程中让学生体会文章的情境,了解人物情感,进而推断一些阅读问题。通过这样的方式,学生在做题过程中能够提高答题的准确性,同时摆脱之前的机械化阅读习惯,改善阅读方式,增加与教师之间的阅读交流,提升阅读素养。

由此看来,英语教师应该不断更新教学理念,认识到阅读和写作在英语教学课堂中的重要性。同时,也要兼顾理论和实践,培养和提升学生的阅读能力和写作能力,提升课堂效率,提高学生的综合素质能力。

二、词汇能力对英语写作的影响

词汇是最基本的语言构成要素,也是学生听、说、读、写、译技能养成的基础。在英语教学中,教师要给予词汇教学相应的重视,将词汇教学渗透到英语教学中去。在英语写作教学中,将词汇教学法应用其中可以解决英语写作教学广度和深度不足的问题。所以,在英语写作教学中,教师要正视词汇教学对英语写作的影响,灵活应用词汇教学法来解决常见的词汇问题。

(一)词汇教学对英语写作的影响

写作是一项集思考、表达和创作于一体的综合性语言输出活动,要用到大量的单词和句子。学习并掌握一定量的词汇是进行高质量写作的基础和前提。只有掌握了充足的词汇,才能在写作时自由想象,写出结构完整、表述流畅的文章。如果掌握的词汇量不足,或者对词汇的意义理解不够深刻,在写作时不仅无法将自己的想法表述出来,而且也会影响文章内容的丰富性。

词汇教学是英语教学的重要内容。不仅英语课程对学生所应掌握的词汇量有明确的要求,而且英语写作对词汇量、内容、思想也有一定的要求。但是从整体来看,许多学生所掌握的词汇量都低于新课标要求。在英语写作教学中,如果不重视词汇教学,只能使学生陷入恶性循环,不利于学生整体水平提高。所以,在英语写作教学中,要重视词汇教学,借助词汇教学法提高学生的写作质量。

（二）英语写作中常见的词汇问题

1.掌握的词汇量少，用词单一

虽说英语写作重点考查的不是用词难度和用词量，但是，如果掌握的词汇量不足，在英语写作时一味用简单的词汇进行信息输出，很容易使文章显得简单而肤浅。

2.词语搭配不当

在英语写作中，词汇只是写作的一部分，由词汇搭配而成的短语和句子才是写作的关键。所以，在写作中要关注词语搭配，掌握固定词语的用法和表达方式，提高写作的严谨程度。在英语写作中，词语搭配不当是学生普遍存在的一个问题。

（三）词汇教学法在英语写作课堂上的应用策略

1.重视基础教学，扩大词汇量

写作是一个复杂的书面语言生成过程，写作者需要在知识扎实的基础上激活记忆里的语言资源，要有驾驭语言的能力。鉴于词汇在英语写作中的重要性，在英语写作教学中，教师要将词汇教学置于重要地位，系统讲述英语词汇基础知识，着重培养学生的语言处理和生成能力。英语写作教学中的词汇教学，要改变过去那种生硬灌输、让学生死记硬背的做法，创新教学方式，增加词汇教学的开放性和趣味性，扩大学生的词汇量。

2.关注语用环境，优化词汇搭配

写作不是简单的词句堆砌，对词的搭配和应用有较高的要求。词汇的搭配和应用是学生在英语写作中必须注意的两个方面，但这也是许多学生的短板。他们之所以在词的搭配和应用中经常出错，是因为其对英语词汇的语义、语法知识缺少了解，所以在写作时看不到大的语用环境，只被局限于一面而不能照顾到全部。因此，教师在教学中要关注词的语用环境，在句子中讲述词的搭配要义和使用规律，让学生明白词汇与句子、语篇的主从关系，从语篇的高度出发去搭配和使用词汇，进而掌握更多的句式、语法知识。

3.优化语篇结构，提高写作质量

在英语写作中，词汇的作用非常重要。但是仅仅有大量的词汇是不够的，还需要语篇结构具有整体性，促使文章整体与局部和谐统一。如在英语写作中，写作者经常会用到一些具有表现力的词汇，也会用到大量的连接词、非谓语动词等，而且许多句子之间也要讲究逻辑关联。所以，在英语写作教学中，教师不仅要关注词汇教学，还要由点及面、将词汇教学上升到语篇构建的高度，注意句子的过渡、衔接，提高词汇、句子的准确性，优化篇章结构，提高学生的写作质量。

三、篇章结构意识对英语写作的影响

（一）明确写作方向

明确的主题是英语创作活动的第一要素。只有确定写什么、怎么写，才能使后续文章的内容形成紧密的结构。著名作家老舍认为，"你总要先知道你想写什么，你才能学会落笔"。但在当前的英语写作指导活动中，写作的目标是极为单调的：为了完成教师下发的写作任务。在这种情况下，写作成了应付教师的过程，怎么写、写什么不是重点，如何利用最短的时间创作出相应的成品，才是学生最为关注的内容。篇章结构意识有助于写作者选定文章主题，为后续的写作活动确定方向，保障写作活动的精准开展、顺利推进。

（二）确定文章结构

词汇是构建作文材料的砖瓦。在英语写作活动中，学生的词汇应用能力直接反映了学生的英语学习素质。篇章结构意识强调词汇素材的应用，注重词汇材料的积累、利用。对于一些学生来说，即使经历了长时间的英语学习活动，对词汇知识的理解也是极为片面的。教材中的词汇知识占据了学生大量的学习时间，使得其无法继续深入学习课堂之外的其他实用词汇。学生的惰性心理使得其满足于当前的词汇积累水平，不去学习新的词汇知识。因此教师要提高学生的篇章结构意识，让学生去搜集高级词汇，这在提升作文可读性的同时，也能够帮助学生确定文章的基本结构。

（三）增强段落连接

句式是衔接上下文结构的纽带。要确保学生写出结构紧密、内容充实的文章材料，教师必须重视学生的篇章结构意识，强调句式与句式之间的连接互动，借助句式提高文章的"紧实度"，以此来帮助学生完成写作任务。

第三节　思维能力对英语写作的影响

一、写作思维

（一）思维的定义

思维是大脑的活动过程。哲学家坚信思维是解决一切哲学问题的基础，是人的固定意识，人类用思维去理解和改变世界。心理学家认为，思维是一种有意识、有针对性的心理过程，它与人的智力、认知、想象和态度密切相关。我国心理学家朱智贤认为，人脑对客观事物一般状态的反应是一种间接的反应，是对客观规律的综合认识，这是一个基于认知知识的高级心理过程。教育学家认为，思维是知识和能力的重要体现，不是一种纯粹的无意识心理活动，而是在某些情况下，人们受自身知识储备和外部环境的影响，根据对问题的认识和目的，有意识地建立新的知识。思维可以分为低级思维和高级思维，高级思维要求人们从简单的记忆上升到对概念理论的深层次理解，在深度和广度上对知识有较高层次的认识。批判性思维是高级思维的一种。基于以上相关概念，可以发现，思维的研究在不断细化，更深层次的探索如火如荼，其中，批判性思维就是其中的热点研究之一。

（二）写作思维的定义

思维是写作的内在动力，写作是思维的实践表达，即写作是思维的实现路径之一。学者袁忠鑫认为，写作本身就是复杂的思维过程，文章是想出来的，这个"想"就是思维，写作只是把思维的具体内容转化为实体的文字。从古至今，结绳记事、甲骨文卜辞、竹简刻学、纸张载文等多种记载形式说明了这些载体的出现是为满足当时人们的日常交流与记录需求的，是人类思维的表达化与具体化。写作以语言文字为载体，将看不见摸不着的思维，通过写作的方式进行具体化的描绘。

学者程世寿认为，写作对于思维的重要性在于：写作是思维通过其实践活动将内隐信息转化为外在行为的介质。思维是大脑对外界事物的感知活动，具有无形性，但可以通过语言、文字等媒介将无形转化为有形的具象，可以被他人识别、阅读和感知等，进而主观的思想才能够传播或与他人交流。

（三）写作思维的构成要素

思维根据其凭借物、探索方向和目的维度的不同可以有很多种划分方式，从"人类思维基本形式"的角度来考虑思维，基本上可以分为形象思维、抽象思维和创新思维。写作思维作为思维形式当中的一种，则也可以认为其主要的构成要素为形象思维、抽象思维和创新思维。

形象思维是以直观形象和表象为支柱的思维方式，主要依赖于感性认识，并在思维过程中始终伴随着形象、情感、联想和想象，以"象"来构成思维流程。间断性和再现性是写作过程中形象思维的主要表现特征。间断性是指在实际写作过程中，形象思维并未一致性地参与到写作的全过程当中，有时是作为初级材料，服务于抽象思维的形成。形象思维多适用于记叙类文体，如小说、通讯、散文、游记、寓言、故事、传记以及回忆录等，但在需要高度抽象和概括的文体中，形象思维就很难再适用于其写作。再现性是指形象思维以最大的限度对头脑中形成客观物体意象进行精确的再现，追求表现事物的真实性。

抽象思维不同于形象思维的直观性认识，而是主体通过对信息进行加工处理后形成对事物内部属性的认识。抽象思维指向是事物内部的性质或规律，不再仅仅停留于表象的认知。抽象思维将感性具体深入抽象的概念中，是实现写作目的、写作结构设计以及写作情感表现的重要思维。

创新思维是作用于形象思维和抽象思维基础上的思维方式，具有新颖性和发散性两大特点。其中新颖性是指创新思维产生的结果区别于已存在的各种结论或原有概念，是创新思维的核心与源泉。发散性是指创新思维对各种认知和已有信息进行全面且具备拓展意义上的思考，是创新思维产生、实现的重要条件。

在写作思维活动中，写作主体的思维过程不是单纯一种思维在起作用，而是多种思维相互交替进行的。例如，联想和想象既是形象思维又是创新思维的基因媒介，而写作材料的分析、概括和组织等依赖于抽象思维的发生。由此可见，形象思维、抽象思维和创新思维是互相依赖、互相作用、互相渗透和互相促进的，三者在写作思维中紧紧交织在一起进行活动。

二、思维能力与英语写作的关系

思维是人类认识的高级阶段，是人脑对客观事物间接的概括和反映，是在对事物的感知基础上逐渐形成的。根据不同的标准，思维也被分成了很多种，如形象思维、抽象思维、创造思维等。思维是有它的过程的，包括接收信息、寻找信息和输出信息。

根据思维的特点以及过程，写作者在英语写作中需要：具备思维的广度，在写作的时候会全面思考并且条理清晰；具备思维的深度，在构思的过程中可以发现写作对象的本质，掌握写好文章的关键；具备思维的灵活度，对自己平时所积累的词汇、语法可以运用自如，真正做到活学活用；具备思维的创造性，在写作的时候有自己的想法，不拘泥于一些条条框框，紧扣主题，立意新颖；具备想象力，丰富的想象力可以为文章添姿加彩；具备思维的严密度，严谨的思维可以让文章符合写作的规律以及内在要求。

在进行英语写作教学的时候，教师的思维能力是十分重要的。具有良好的思维能力，可以让学生对词汇、语法等有更好的理解，逐渐养成良好的英语思维，从而使写作水平得到提高、写作表达更加严谨和地道。

三、英语写作思维的培养

思维的培养包括灵活性、敏捷性、批判性等。其中，灵活性可提升学生思考、解决问题的能力，若学生具有较为活跃的思维，他们可将写作话题做全面、整体性分析，并在脑中对信息材料予以检索，进而有效加工处理，使之为表达服务。敏捷性可使学生能迅速立意、建立有效构思，方便写作。批判性可使学生能细致、持续地对知识形式、问题进行思考，对前提、概念、结论等展开系统分析，并运用理论对其广度、深度、清晰性、公正性以及精准性进行评估。

（一）英语写作中思维培养思路

1.锻炼逻辑思维

教师在对学生思维进行培养时，可从深刻性、独创性、灵活性几个方面展开。学生通过英语写作，可以提升自身的逻辑思维。故在英语写作教学过程中，教师应重视提升学生的理解能力，使学生通过阅读范文，探讨范文材料，进而建立良好的逻辑思维结构。

2.促进交互合作

学生在学习期间，需重视合作的重要性，对自身学习的不足予以弥补。学生思维具有发散性，在对问题思考时，可从多元化的角度开展。在具体教学过程中，教师有必要培养学生的合作性思维，使学生在英语写作期间从多种视角融入。故教师需对学生的沟通予以强调，在各种思维的交融下，提升学生创新能力。

3.提升创新思维

为提升学生思维的培养效果，在开展写作教学的过程中，教师可依据学生实际情况，提升其对思考的认知水平。学生的创新思维需在思维表达中形成。故教师在开展写作教学时，需针对学生思想表达加大培养力度，展开任务方面的深层设计，在此过程中需注意要为学生留够充足的时间，使学生展开丰富的想象力，对内容加以扩展。

（二）英语写作思维培养路径

1.构建知识结构

文章质量是否合格与写作者知识结构有无系统性形成密切关联，是从语言层面上对内在所具有的思维逻辑进行的反映。而英语写作教学与其一致，教师在展开教学期间，需引导学生对系统的知识结构体系进行构建，强调在写作期间建立清晰、精准思维逻辑的重要性。在英语写作过程中，教师要求学生具备相应的思维结构，如语法结构、交际结构、实际结构等，以保证文章具有鲜明的结构特征。

因此，在针对英语展开写作教学工作时，教师需重视学生写作结构体系的建立，进而使学生的学习兴趣从根本上被激发，引导学生对完整、多元的知识体系进行构建，促进学生形成独特思维。在针对英语进行写作训练时，学生需持续提升自身的要求，不断创新写作方式，使自己的思维方式在文章中表现出来，这样文章内涵和可读性才可增强。在进行英语写作练习时，学生要勇于表达思维逻辑，进而使思维品质得以增强。以此为着眼点，英语教师自身需具备思辨能力，以便在日常教学中对学生建立判断和逻辑思维的过程予以辅助，帮助学生建立自我意识。

2.在小组合作中培养发散性思维

在针对英语写作展开教学时，为提升教学品质，教师可依据学生自身成绩、个性，构建相对均衡的不同组合。在整体水平上，不同小组均等，每个小组均采取组长负责制。在日常英语写作时，不同小组可相互学习、相互帮助。除此之外，学生间也具有竞争关系，在竞争过程中，使自己的思维得以持续激发。

3.重视情境创设

通过场景展开独特和深入的语言实践活动，可提升学生综合运用语言的能力，为真正进行有效、适宜的语言交流提供有力保障。教师要重视情境创设对思维的培养意义，在对文章不同段落情境进行综合、评价、创造的基础上将段落连接，使学生由浅入深地掌握所学的单词和句子；教师可在英语写作课堂中高效运用情境教学法，使学生灵活、自由地创作。以往所采取的传统英语写作教学是由教师创设情境的，学生代入性偏低，同时，对内容的难易程度也未有效把握。故为增强授课效果，教师可引导学生自己创设情境，同时，在全班进行有效的展示，以增强学生的口语表达能力，进而带动学生的写作兴趣。

4.结合恰当的主题组织学生进行扩写

扩写是对文本内容细节的丰富和完善，需要学生对材料进行综合分析和创新表达，是训练学生高阶思维的有效手段，有利于提升学生思维能力和语言综合能力。教师在英语写作教学时，需要联系具体阅读内容的主题，结合当代学生的实际，激发学生深入地挖掘主题意义，引领学生思考和选择适合的切入点，使其完成英语扩写训练、写出具体翔实的英语文章。

对阅读文本的主题进行深入思考、全面探寻主题的意义、加深对主题内涵的认知属于高阶思维活动，也是学生能力素质提升的必要过程。教师根据阅读主题，引导学生的思维活动，辅助学生完成扩写任务，提升学生的综合能力。

5.选择适宜的文本组织学生进行仿写

仿写是英语教学中最简便易用的学习方式，需要学生对仿写范本进行综合分析，是一种复杂的认知活动，能够有效促进学生英语表达能力的形成与提升。教师在组织英语写作训练时，需要根据英语知识与能力目标，精心为学生选择适宜模仿的文本段落，引导学生观察、分析范文特点，激活学生大脑中储存的知识，使学生顺利完成仿写并奠定语言能力发展基础。

学生通过对阅读文段的综合分析、明确模仿的内容、积极调动大脑语言库中的知识信息组织语句进行恰当的仿写，不但可以促进自身英语表达能力的发展，而且能够提升思维水平，积极带动智力发展。

6.依托切合的内容组织学生进行续写

续写是指在原文内容的基础上进行合理的想象，然后完成延伸写作的过程。在这个过程中，学生需要提取原文信息进行加工分析，对原文情节、思路进行深入的分析和准确的判断，这一过程本身就是高阶思维活动。教师在组织英语写作训练时，需要清晰地把握阅读内容，辅助学生梳理原文的思路，促使学生合理推测、联想后续的内容、恰当地组织语言进行准确描述，训练学生的思维。

学生通过理解和分析文本内容，形成对后续内容的判断，再依托适合的语言进行精彩的描述，完成英语续写任务。这既加深了对阅读内容、文本结构的理解，又完成了语言表达技能的训练，实现了高阶思维的良性发展。

四、思维导图在英语写作中的应用

（一）思维导图的定义

思维导图起源于英国，英文全称是"mind map"，又叫作思维树、记忆树、心智图等，是由"世界大脑先生"东尼·博赞（Tony Buzan）在19世纪60年代发明的一种用于记录发散思维的高效笔记工具。东尼·博赞的思维导图引发了学者和专家的研究热潮，目前，思维导图已经成为欧洲大部分国家、美国和日本的中小学必修课程。思维导图由中心词、关键词、结点、线条、颜色以及层次结构六个基本要素组成，结构类似人体神经系统中神经元构成的网络。

（二）思维导图的类型

思维导图的种类比较多，不同的学者将思维导图分成不同的类型。美国学者大卫·海勒（David Hyerle）整理出八类思维导图：第一类是圆圈图，可以用来定义、举例、诠释、解释某事或某物；第二类是单气泡图，可以用来描述某事或者某物；第三类是多项流程图，用来表示因果关系；第四类是流程图，用来表示依次顺序；第五类是双泡图，用来比较两类不同的事物；第六类是树形图，用来分类；第七类是桥型图，用来做类比；第八类是括号图，用来表示整体与部分。不同类型的思维导图扮演着不同的角色，帮助人们理清思路、发散思维。2019年，中国学者王利娟指出，思维导图分为五种类型：第一类是头脑风暴图，它将中心词与相关联的知识点相结合，将新、旧知识联系到一起；第二类是分层结构图，它将上层信息与下层信息之间的隶属关系非常清楚地表现出来；第三类是语法分析图，它将某一固定的语法知识作为主题，将语法知识用法与语法知识分析相结合；第四类是总结归纳图，它将新、旧知识相结合，对新、旧知识进行总结和归纳；第五类是内容分解图，它围绕一个特定的主题，把对应的重难点展现出来。

思维导图主要有树形图和流程图两种形式。树形图是一种以某一主题为中心，枝干围绕主题不断延展的思维导图，这种思维导图可以刺激大脑不断地产生联想与想象。而流程图是一种表示依次顺序的思维导图，可以帮助大脑将头脑中的信息顺序化。树形图与流程图作为思维导图的两种类型，可以帮助学生在建构写作内容时，将零散复杂的信息变成具有一定顺序性、发散性的文章。树形图与流程图符合英语写作体裁的需要，同样也符合学生英语写作思维的发展。

（三）思维导图的特点

思维导图具有四个特点：第一个特点是树状发散，思维导图是一个由中心点向外发散出多个分支的导图，它就像一棵树一样，从主干发散出许多的分支，每个分支又可以发散出更多的分支。第二个特点是颜色丰富，思维导图的不同分支是由不同的颜色呈现出来的。第三个特点是图形化呈现，思维导图是一张包含了关键字的图片。第四个特点是内容精炼，思维导图的每一个节点都可以根据实际需要填充一些文字信息，这些文字信息的内容比较精炼。

思维导图的这四个特点与我们人类的思维特点是相关的。人类的思维是发散跳跃式的，因此与思维导图树状发散这一特点相一致。人类对颜色具有一定的敏感性，颜色可以帮助人类深化记忆和分辨事物。人类对图像信息的捕捉比对文字信息的捕捉更迅速，也更不容易忘记。人类对短语、短句的记忆优于对大段文字的记忆，如人们喜欢在看书的时候划重点。因此，思维导图的四个特点与人类思维的特点相一致。

（四）思维导图在英语写作教学中的应用

1.提炼中心，确定思路

教师在开展写作教学之前，要引导学生分析话题、确定中心、明确写作结构及思路，指导学生确定文章的中心句或中心词以及文章的段落等。这是写出一篇好文章的重要前提。

2.紧扣主题，建立导图

在确定中心及明确思路的基础上，教师要帮助学生进一步分析话题材料中的语言信息，从而最终确定写作的整体结构，并结合写作中心句及中心词，按照开头、正文、结尾的结构层次，以填充的形式构建思维导图。

3.依据导图，展开写作

英语写作教学是一个循序渐进、从易到难、由浅入深的缓慢过程，在练习字词、句子、时态、人称、语言以及情感基调等内容中锻炼学生的写作能力。依据思维导图，学生就可以按照"词—句—段—文"的过程开始写作并逐步提升，达到熟能生巧的程度，最终提高自身的语言运用能力和英语写作水平。

第四节 写作动机对英语写作的影响

一、写作动机

（一）动机的定义

学者埃利斯（Ellis）认为，动机是指学习者出于需要或愿望，在学习外语时所付出的努力。认知心理学家加德纳（Gardner）和麦克提尔（MacIntyre）把动机分成三部分：达到目标的愿望、朝着目标方向的努力和对任务的满意程度。总的来说，学者就动机包含的几个重要因素达成了基本一致的共识：第一，学习外语的目标或愿望；第二，为了实现这一目标或愿望所做出的努力；第三，这种努力的持续性和满意程度。

（二）动机的分类

1.内在动机和外在动机

内在动机和外在动机是从认知语言学的角度来划分的。内在动机是指活动本身能激发学习者的兴趣并给学习者带来动力；外在动机指学习者是出于活动本身之外的外界奖励因素来学习外语的。这两种动机是可以相互转化的。起初，有的英语学习者是为了完成教师的要求或得到教师、父母的赞赏而努力学习英语的，但是随着对英语的了解以及知识的积累，他们体会到了学习英语的乐趣，这就是外在动机向内在动机的转化。同样，内在动机也会转化成外在动机。

2.任务性动机和结果性动机

任务性动机和结果性动机是从过程和结果的角度来划分的。任务性动机是学习者在完成某项任务的过程中所体会到的乐趣，结果性动机是学习者因成功的结果而产生的动力。如果学习者乐于进行某项活动并能在此活动中获得满足，就会产生任务性动机。如果学习者在完成任务之后得到满意的结果，这就满足了学习者的成就感，并激发了学习者的结果性动机。

（三）影响英语写作动机的主要因素

1.认知因素

影响学生写作动机的认知因素主要是指学习者的自我认识。自我认识包括自我概念、自我效能、效价和主体感等。自我概念是学习者对自己学习外语能力和成败的判断，影响学习者学习外语的信心。自我效能是学习者对自己完成任务的有效性的认识，具体来说，是学习者对自己的能力和完成任务所要求能力的判断。自我效能极大地影响着学习者对任务的选择、努力程度和持续时长。学习者的自我效能越积极，他随之付出的努力也会越多。效能是学习者对学习的意义和目的的认识。学习者越是认识到学习的重要性，其动机就越强。主体感是学习者对学习责任感的认识，主体感越强，学习者就有更强的责任感。

2.情感因素

学习者的情感体验也会影响他们的学习动机。情感因素主要包括兴趣、态度和自信等。兴趣作为重要情感因素之一，是指学习者对刺激的一种积极的响应，和动机有着密切的联系。态度和个人的价值观、信念相关，能促进也会阻碍学习者的发展，所以，培养积极的态度对加强学习动机有很大的帮助。另一重要的情感因素自信也发挥着举足轻重的作用，可以说，学习者没有一定程度的自信心，是无法进行任何活动的。

3.社会环境因素

社会环境因素包括社会需要、外语教学要求和教师的个人影响等方面。随着经济全球化的迅速发展，社会对英语的需求越来越大，无论是工作、教育、还是在我们的日常生活当中，英语已经不知不觉地融入了我们的生活。此外，教师在英语教学中不仅重视英语教育，也很关注英语写作。另外，作为英语教育主导者的教师，他们的个性、语言水平对学习者的学习动机也有着不可忽视的影响。

二、写作动机与写作水平的关系

学者张一曾对写作者的写作动机和写作水平的关系进行研究，认为写作目的、写作需要、写作焦虑、写作兴趣以及努力程度是写作动机的四个变量，研究得出了写作动机对二语写作水平影响重大的结论。在探讨写作动机变量和写作水平的关系时，得出了以下两个结论：一是写作目的、写作需要、写作兴趣和努力程度对写作水平都有较显著的正面影响，即明确的写作目的、写作兴趣、写作需要及努力程度会促进写作水平的提高；二是写作焦虑对写作质量有负面影响，会阻碍写作成绩的提高。

写作教学的首要目的应该是激发学生的英语写作动机，尤其是内在动机，而不仅仅是教会他们写出一些正确的句子、段落或篇章，或是功利性更强地应对考试。英语教师之所以在写作教学中更强调学生语言知识的积累，很可能是因为他们太过强调显性的"写作目的"，而忽略了学生内心的"写作动机"，或将二者混为一谈。

事实上，写作目的是从教学的角度出发对学生写作能力的一种预期；而写作动机则是从学习的角度出发对学生写作愿望的一种理解。换句话说，动机是出自学生内心的一种强烈欲望和内在需求。虽然写作目的与写作动机之间有千丝万缕的联系，比如，写作目的的实现有可能调动学生的写作动机。虽然学生有效地完成一篇英语美文的写作或用英语与朋友通信会使自己更愿意用英语写作，但只有激发学生英语写作动机才能使学生真正产生写作兴趣、感到有内容可写，从而使他们能够多多地写、持之以恒地写，并有可能将写作当成自己语言交流的一部分。

三、培养英语写作动机的策略

（一）写作练习的设计要贴近学生生活

大多时候，学生写作的冲动和兴趣来源于写作任务的内容和要求。因此，写作练习的设计对激发学生的创作热情有着举足轻重的作用。在写作练习的设计环节，教师必须认识到生活才是写作的源泉，写作练习的设计只有贴近学生生活，才能更有效地培养学生对写作的兴趣，激发学生的写作热情。贴近学生的现实生活、选取学生所熟知的写作题材是写作练习设计的基本要求。在此基础上，写作练习的设计还要与时俱进，要根据现实中出现的新事物不断地推陈出新。太过于陈旧的写作题材只会让学生以应付的态度或通过抄袭已有资料来完成写作任务，导致写作练习的有效性难以保障。另外，写作练习的内容设计还要具有一定的开放性，使学生能够根据自己的情况或想法来表达不同观点，从而体现学生的个性化特征。

（二）提高学生的写作元认知意识

元认知是对认知的认知，是对事物更高层次的认知。不少写作研究表明，元认知对提高学生的写作水平有着显著的促进作用。提高学生的元认知意识有利于提高学生对写作过程的认知，提高学生写作过程中的自我监控意识，并促进学生对写作策略的应用。学生在具备较高的写作元认知水平的情况下，其写作焦虑水平会大大降低，写作动力逐渐增强。写作元认知除了包括元认知知识、元认知监控外，还包括元认知情感。

（三）增加师生间的英语写作互动活动

写作动机的激发不能仅仅体现在学生的写作练习和现实生活中，教师可以通过真实的写作互动活动来激发学生强烈的写作欲望。在现实生活中，英语写作实践往往更能激发学生的创造动机，因为通过完成真实写作任务，学生能够更强烈地体验到用英语做事的成就感，感受到英语写作的快乐。师生之间或学生之间的英语写作互动活动可以以计算机网络为支撑，实现便捷的交流。比如，教师可以采取让学生定期给自己写英文电子邮件的方式来提高学生的写作积极性，教师查看学生的邮件并给予回复，在邮件中对学生的英文表达水平进行评析。

第三章 英语写作的基本过程

英语写作过程是一个创作的过程，英语写作能够全方位地体现学生的英语综合水平和能力。本章分为英语写作过程的特点、英语写作过程中的常见问题、英语写作过程中的认知心理以及英语写作的基本步骤四个部分。主要包括英语句子写作的特点、写作中的负向迁移现象、不完整句、英语写作过程的认知心理等内容。

第一节 英语写作过程的特点

一、英语句子写作的特点

在英语写作时，要注意句子与句子之间的衔接，做到长句与短句相结合，简单句、并列句和复合句相结合。句子的结构有变化，整篇文章才会生动、鲜活、灵气。这也体现出英语句子写作的多样性特点。

【示例】①Mr. Smith is my favorite teacher. I have never been late for his lecture.

②Mr. Smith is my favorite teacher, so I have never been late for his lecture.

句①由两个简单句组成，有各自的主语和谓语。但从意义上看，两句是有关联性的，所以在英语重形合的原则下，句②则显得更为得当与贴切。再看下面一组句子。

【示例】①Tom is my friend.

②He is my best friend.

③He will graduate from high school in 6 months.

这三句都是简单句，从语法的角度看均无错误。但是在英语写作中，句子写作的最终目的是构成段落、形成语篇，所以句与句之间的关系在结构关联上就显得尤其重要。根据所强调句子的不同，可以将这三句改成：Tom, my best friend, will graduate from high school in 6 months. 这样句③要表达的意思就会得到重点强调。此句也可以改为：Tom, who will graduate from high school in 6 months, is my best friend. 这样句②的意义表达会得到强调，句子的衔接也更为紧密，语言也更为精炼。所以我们可以根据所要强调部分的不同来安排组织句子结构，使语言更好地服务于思想的表达。

二、英语段落写作的特点

（一）整体性

写作者在英语段落写作中要遵循整体性或统一性原则。这是段落写作的重要要求之一，对任何文体的写作都极为重要。段落的整体性是指段落内容应保持一致，每个段落只能阐述一个中心思想，每个句子都应与主题句密切相关，任何游离于中心思想之外的句子都是不可取的。

【示例】Joe and I decided to take the long trip we'd always wanted across the country. We were like young kids buying our camp and stocking it with all the necessities of life. Bella bakes the best rhubarb pie. We started out in early spring from Minneapolis and headed west across the northern part of the country. We both enjoyed those people we met at the trailer park. Joe received a watch at his retirement dinner. To our surprise, we found that we liked the warm southern regions very much, and so we decided to stay here in New Mexico.

本段的主题句是段首句，中心思想是"take the long trip across the country"。文中出现两个不相关的句子。一个是"Bella bakes the best rhubarb pie"，这一段讲的是 Joe 和 I，中间出现一个 Bella 是不合适的。还有，"Joe received a watch at his retirement dinner"这一句更是与主题句无关。学生在写作时常常因为写出不相关的句子而丢分。

段落的一致性是一个段落的意思是否表达清楚的关键。所以，写作者在英语段落写作中要保持段落内容一致、思想完整和逻辑合理。

（二）连贯性

英语段落写作的另一个重要的要求是连贯性。连贯，一是指结构上的连贯，二是指内容上的连贯。也就是说，文章的结构层次和连接应按照一定的逻辑顺序编排，一个句子衔接下一个句子或者一个段落连接下一个段落，必须合乎逻辑、连贯紧凑，不应有跳跃。只有句子和段落衔接自然流畅，文章才能层次分明、脉络清晰。保持段落连贯的手法，主要有以下两种。

1.用转承词

转承词是表明一个意思怎样与下一个意思相连的一种词。转承词按其语法作用可分成四大类：并列连词、连接副词、从属连词、介词和限定词。

①并列连词连接两个独立的句子，构成一个并列句。在第一个分句后必须用逗号。

②连接副词把一个句子同另一个句子连接起来构成一个并列句。连接副词可以位于句首、句中或句尾。在句首时，只在连接副词后加逗号；在句中则是在连接副词前、后加逗号，如果句子连接词仅是一个词，逗号可省略；在句尾时，则在连接副词前加逗号。

③从属连词连接从句与主句，构成复合句。从句的位置可在主句前，也可在主句后。当状语从句出现在主句之前时，常常带有逗号；但若状语从句在主句之后，则不需要用逗号将其与主句分开。

④介词和限定词在标点符号方面没有特定的要求。常用的介词词组有because of、due to、in spite of 等；常用的限定词有another、additional、final 等。

学生在写作中要学会运用转承词来提高句子、段落和篇章的连贯性，增强语言的表达力。

2.按照一定的逻辑顺序排列句子

段落中句子的排列应遵循一定的次序。写作者如果在下笔之前没有构思、边写边想、写写停停，那就写不出一气呵成的好文章来。采用何种逻辑顺序应取决于文章的主题和写作目的，最常见的逻辑顺序是时间顺序、空间顺序和主次顺序。在同一个段落写作中，写作者可以把不同的逻辑顺序有机地结合起来。

段落的连贯性是英语写作中很重要的一个原则。在实际的英语写作中，写作者要按照不同的要求，灵活运用不同的方法，使文章的句子之间和段落之间能够相互关联、衔接自然，引导读者自然地由上文过渡到下文。

三、英语短文写作的特点

英语写作是一种创造性的过程。启动储存的知识信息、构思立意、谋篇布局、遣词造句等都要求写作者具有语言表达的正确性和准确性以及思维的逻辑性和条理性。英语短文是由一组意义相互关联并有序连接的段落组成的。段落是文章组织的基本构成单位，是由表达和说明事物的数组语义相关的句子所构成的。

一般来说，英语短文应具有以下特点：主题一致；中心思想鲜明，重点突出；论据充分，论证合理；结构严谨，层次分明；段落衔接流畅，上下过渡自然，通篇完整连贯。

一篇短文和一个段落一样必须自成一体，短文中所有的观点和论据都应与其主题或中心思想密切相关。一篇短文大多包括几个段落，每一个段落都有其中心思想。段落安排要遵循一致性、连贯性、完整性等原则，段落之间的过渡应该自然，各段衔接起来应该成为一个有机整体，以构成一篇完整的文章。

（一）一致性

英语写作十分强调文章的一致性，也就是说一篇文章要有一个明确的核心思想，即主旨。同样，每个段落也都应该有各自的中心思想，即主题句。文中的各个段落以文章主旨为核心展开阐述和说明。

一致性特点也称统一性特点，是指一篇文章只有一个中心思想。构成英语短文的段落要互相关联，共同表达一致的信息，从而把读者的注意力集中在主题上。在文章的组织过程中，短至一句话，长至整篇文章都应说明一个主要观点。为了说明同一个观点，文章应保持结构和语义上的完整和统一，句子的各部分之间的关系必须是清楚而又符合逻辑的。互不相关的段落不但无法表达写作者的意图，还会干扰读者的注意力。任何与主题无关的句子和段落，都会破坏文章的一致性，应该被删除。

【示例】What Attitude Should We Take to Money

With the arrival of market-based economy, money is becoming more and more important in our life. Hit with this trend, many people come to believe that money is above everything else in their life. But their belief could not arouse any echo in my mind.

It is true that money is a key ingredient in one's struggle towards happiness, without which, for example, there would be no way to go to college or form a family. On any scale of one's daily worry, in fact, there is almost nothing heavier than money. If we see it in its true colors, however, money is nothing but a means to an end. Money can buy us food, but not appetite; medicine, but not health; diplomas, but not knowledge; and days of joy, but not the whole life of happiness. And moreover, laying any undue stress on money may lead one to stop at nothing in making it, as can be easily seen in the cases of most corrupt officials.

Therefore, it is necessary to take a correct attitude towards money. On the one hand, money is vital to our daily life, in which case, it is wise of you to spend not where you may save. On the other, money is something to be plowed into something more important, so it is better to spare not where you must spend. In sum, money means something but not everything to our life.

这篇文章由三段组成，每段都紧扣中心主题"对待金钱我们应该采取什么态度"。第一段是引言段，作者先指出在市场经济的影响下许多人相信金钱是万能的，然后说明自己不同意这种观点。在第二段中，作者运用举例法，采用平行结构的手法，分析批驳了金钱万能的错误观点。接着，作者用"therfore"连接，在第三段中从两方面论述了我们对待金钱的正确态度：金钱在我们的生活中很重要，但它不是万能的。一致性特点在这篇文章中也得到很好的体现，使得文章中每一段都没有偏离主题。

（二）连贯性

为了写出完整流畅的文章，除一致性以外，写作者还需要遵循连贯性。连贯性强调写作者通过合理的布局使段落与段落之间在语义上衔接紧密，过渡自然流畅，语意连贯。连贯性不仅指前后思路的连贯一致，还包括语言组织安排的前后连贯。段落与段落之间的连贯一般和句子与句子之间的连贯一样，主要是通过中心思想串联、主题句关联、语义相关等方式实现的。

语言的连贯与否是评价一篇文章优劣的标准。在一篇文章里，语言的连贯主要体现在句子与句子、段落与段落之间。上句要能很自然地带出下句，后句与前句呼应，句句相连，使文章读起来一气呵成如同听一段优美的乐曲。同样，段落与段落之间也要相互呼应，不可各自独立、前段不接后段、后段不应前段，这样会使文章缺乏整体性、不连贯。

1.中心思想串联

段落与段落之间的衔接依靠全文中心思想来串联的衔接模式，即在文章一开始用一句话（一般是文章中心思想句）把接下来几段要说的内容先归纳一下，犹如一根线把各段串了起来，同时在内容上让读者从一开始就对文章的论述有所了解。

【示例】On Different Kinds of Friends

It is said that there are two kinds of friends in the world: one is similar to you and the other, just opposite, is quite different from you. Which one do you prefer?

I think, the first kind of friends is sure to have the same ideas and interests in life and work as you, so whenever you are in trouble or in difficulty, you can seek and obtain their support without any doubt.

However, life is colorful. Different tastes may bring you an entirely new world. So with friends different from you, you may find that they are indeed helpful and enjoy able, and therefore, it will extend your vision and expand your mind.

So in my view, these two kinds of friends are equally important, and I prefer to make friends with whoever I want to regardless of whether they have the same ideas or interests as me or not.

这篇短文主要阐述两种不同类型的朋友，使用的是中心思想串联法。第一段简要介绍了两类朋友，第二、三段分别详细解释了这两类朋友的含义，第四段表明了自己交友的标准。

2.主题句关联

段落与段落之间的衔接依靠各段中的主题思想的关联来形成衔接模式。

【示例】Technology and Social Change

We live in the age of technology in which countless social changes have taken place due to the emergence of various new technologies. The jet plane, computer, phone, ect. are much a part of our daily lives now. But can these things actually represent all the social changes?

The most striking changes can be seen in the following aspects. First, people's living standards have been greatly improved. Take China as an example. Computers and cell phones are no longer wonders in the Chinese households. In addition, the standards of nutrition, housing, health care, working conditions, transport social service, etc. are all getting much better than before. Second, the output of industrial and agricultural production has been on the rise with the development of science and technology. Third, technology has also greatly contributed to the improvement on education. For example, the latest science and technology, such as network, multimedia and so on, have been made full use of in teaching, which not only inspires students' interests but also makes classes lively.

Technology generates social changes which in turn bring about more technologies. So technology and social changes are closely linked. Technology is not merely the invention of a new product or a new machine, but a great force to promote the social progress.

这篇短文讨论了技术与社会变革的关系。第一段指出我们正处在技术变革时代，各种各样新技术的出现带来了无数的社会变革。第二段作者使用列举法和举例法叙述了巨大变革的表现。第三段指出技术促使社会变革，反过来，社会变革又会带来更多的技术。这三段依靠每段的主题句串联起来，深化了主题：技术与社会变革。

3.语义相关

在文章各个段落不同地方出现的相关内容相互呼应，这样既可以避免文章简单重复，又可以强化深入，使文气贯通。

【示例】How I Overcame My Difficulties in Learning English

Like most other Chinese students, I find English a difficult subject to study. First, the pronunciation is very difficult from that of Chinese; second, the spelling is not logical; and third, the grammar is very complicated. Overcoming these three difficulties is the key to mastering English, I feel.

If your pronunciation is poor, you will to be understood by native speakers, nor will you be able to understand what they say. Unless you have a good spelling, what you write will be difficult to read, and you will find that reading English books is not so easy.

Finally, if your knowledge of grammar is hazy, not only will you not be able to express yourself properly, you will not understand what you hear or what you read.

Therefore, I have set myself a daily schedule for solving these problems and giving myself more confidence in learning English: I spend some time listening to cassette tapes recorded by native English speakers. I practice spelling 20 difficult words until I can write them without looking at the book. After that, I study one item of grammar until I am thoroughly familiar with it.

在这篇短文中，作者讲述了自己如何克服英语学习上的三大困难：发音、拼写和语法。第一段概述了英语学习上的三大困难，第二段分析了这三大困难带来的不利影响，第三段叙述了克服这三大困难的具体方法。全文使用pronunciation、spelling、grammar将三段文字在语义上连贯起来。

总之，段与段之间的连贯方法有很多。语言驾驭能力愈强，使用段落之间的连接方法愈灵活。因此写作者要突出全文中心，使段落有机地联系在一起，做到内容完整、连贯，剔除与主题无关的内容。

（三）完整性

英语短文除了具有一致性和连贯性特征外，还需要有一定的完整性。完整性是指文章结构布局合理，内容充实完整。在结构上，一篇英语短文应有引言段、主体段和结论段。在引言段提出文章的要点和中心思想；在主体段围绕主题开展叙述、讨论；在结论段对全文进行总结和概括。内容上，在阐述主题和中心思想时，应做到尽可能的全面和详细。要使意思完整，作者就必须提供适当的证据和理由，对所提出的主题和思想进行分析、解释、说明和论证。一篇只下结论而不提供细节材料的文章是不完整的。

【示例】Parental Influence on a Child's Development

Family education is one of the most important means of bringing up a child, and parents influence their children a lot.

From the time a child is born, parents are their first educators. Mother tongue is naturally the first thing taught by parents. Later the child will imitate and learn how to dress, eat and behave from their parents. Most important of all, parents are greatly responsible for forming an image of decent personality and outstanding character in their children's minds. Therefore parents must pay attention to their own words and deeds, and try to set up good examples for their children. Parents should not only love and take good care of their children but also educate them; parents should sup-port and encourage them for their good behaviors, h point out and correct their wrong deeds. Over-indulgence by parents can do nothing but make children spoilt.

I believe that it is under the good influence of their parents and through proper education that children can develop morally, intellectually and physically, and beicome qualified successors of our country.

这是一篇议论文，主题是父母对儿童成长的影响。第一段是引言段，指出父母对儿童成长有很大影响。第二段是主体段，具体地讲述这些影响。最后一段得出结论：在父母的正面影响下，儿童会在德、智、体等方面都得到发展，成为合格的社会人才。这篇短文不论是在结构上还是在内容上都体现了完整性原则。

综上所述，一篇好的文章不但要有始终如一的一致性，还要有安排有序的连贯性，更要有丰富的内涵、完整的结构。三者合一才能构成一篇完美的文章。

第二节　英语写作过程中的常见问题

一、写作中的负向迁移现象

在我国目前的英语写作教学中，一些英语教师对学生在英语写作中出现的负向迁移现象不够重视。同时，因为缺乏科学的总结和分析，教师无法及时根据学生出现的问题而提出系统的教学方法和改进措施。学生在英语写作上很难有明显的进步，大都是因为在写作时受到了母语负向迁移的影响。帮助学生在英语写作中形成正向积极的母语迁移，克服负向消极的母语迁移，提高学生的英语写作能力和综合语言运用能力，是英语教学研究的重要课题。

学者对负迁移在中国学生英语写作中影响的研究比较丰富，且研究方法也比较多样，除了理论研究外，也包括调查研究、实证研究、案例研究等。对比国内学者的研究结果发现，母语负迁移在中国学生英语写作中的影响基本可以归为几大类，即词汇、语法、文化以及篇章结构等。

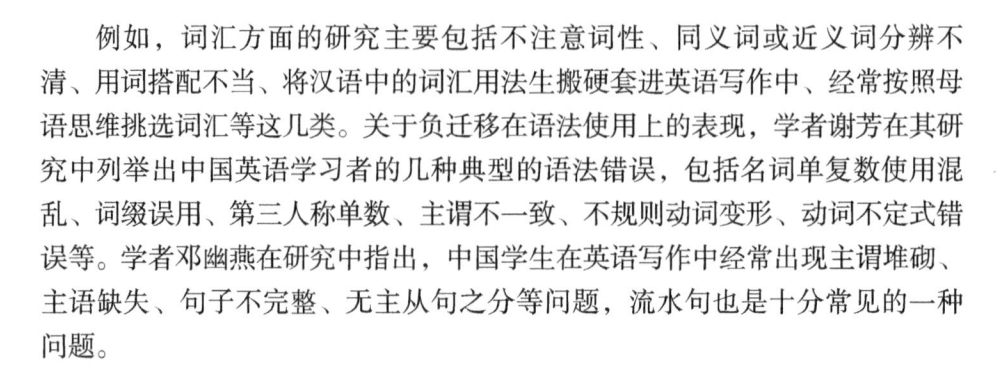

例如，词汇方面的研究主要包括不注意词性、同义词或近义词分辨不清、用词搭配不当、将汉语中的词汇用法生搬硬套进英语写作中、经常按照母语思维挑选词汇等这几类。关于负迁移在语法使用上的表现，学者谢芳在其研究中列举出中国英语学习者的几种典型的语法错误，包括名词单复数使用混乱、词缀误用、第三人称单数、主谓不一致、不规则动词变形、动词不定式错误等。学者邓幽燕在研究中指出，中国学生在英语写作中经常出现主谓堆砌、主语缺失、句子不完整、无主从句之分等问题，流水句也是十分常见的一种问题。

二、不完整句

不完整句也叫句子片段，这一类句子要么缺主语、要么缺谓语动词，总之不完整；还有一些甚至只是一个状语（从句或者短语），即只是句子的一个部分，因此叫句子片段。英语的每一个完整的句子都有一个主语和一个谓语动词并且要表达一个完整的意思。缺少主语或谓语动词或者不能表达一个完整意思的句子都称为不完整的句子。

【示例】For instance, when you see the pattern "I", if the teacher asks you what you can see. You may have many different answers.

这个句子的问题在于when和if两个从属连词引导的从句被当成了完整的句子，事实上它还缺乏一个主句，建议补充一个主句，可以改为：

For instance, when you see the pattern "I" and the teacher asks you what you can see, what will you say? You may have many different answers.

通常学生在四种情况下会写出不完整句：

（一）使用从属连词时

当一个从句由从属连词引导时，它不能独立成句，可以将其与之前或者之后的一个独立的从句合并为一个句子。

【示例】For instance, when you see the pattern "I", and if the teacher asks you what you can see, you may have many different answers.

注意：当从句在前时，应在从句和主句之间加逗号。

【示例】If Kim takes too long saying good-bye to her boyfriend. Her father will start flicking the porch light. Then he will come out with a flashlight.

还有一种改正的方法是将不完整句中的从属连词去掉，然后重新改写整个句子：Kim takes too long saying good - bye to her boyfriend and her father starts flicking the porch light. Then he comes out with a flashlight.

（二）使用-ing和to的结构时

动词的-ing形式和to的不定式形式被称为非谓语动词形式，如果将这两种形式的动词作为谓语动词来用，必然会出现错误。

【示例】My phone doesn't ring. Instead, a light on it blinks. The reason for this being that I am partially deaf.

【示例】To get to the bus station from here. You have to walk two blocks out of your way. The sidewalk is torn up because of construction work.

这些错误的句子可以采用不同的方法来改正。

①可以将不完整的成分与主句合并在一起。

【示例】To get to the bus station from here, you have to walk two blocks out of your way. The sidewalk is torn up because of construction work.

注意：当不完整的结构出现在主句之前时，应该用逗号将它们与主句连接起来。

②可以给不完整的部分增加主语并将动词从-ing形式变为时态和语态都正确的谓语动词形式。如果错误的部分有主语，只是动词被错用为非谓语动词形式，即动词的分词形式和不定式形式，那么只要将它变为谓语动词的形式就行，如being变成谓语动词的形式就是am、is、are、was、were，以上错误例句就可以改为：

【示例】My phone doesn't ring. Instead, a light on it blinks. The reason for this is that I am partially deaf.

（三）增加细节时

通常容易出错的词和短语有：also、especially、except、for example、like、including、such as等。

【示例】Before a race, I eat starchy foods. Such as bread and spaghetti.

【示例】Bob is taking a night course in auto mechanics. Also, one in plumbing.

【示例】Mike keeps several pets in his room. Including a snake and a spider.

这些句子中用到such as、also、including等，原本可以起到进一步说明或者补充说明的作用，但是这些词和短语所引导的只是一些名词性短语，不能独立成句。改正的方法如下：

①直接将不完整的成分与前面的主句黏合在一起。

【示例】Before a race, I eat starchy foods such as bread and spaghetti.

②给不完整的成分加上主语和谓语动词使之完整。

【示例】Bob is taking a night course in auto mechanics. Also, he is taking one in plumbing.

③将这一不完整的成分插入之前的句子中。

【示例】Mike keeps several pets, including a snake and a spider, in his room.

注意：当不完整的成分被插入句子中间时，应在这一成分前后加逗号与主句隔开。当然，如果以上这些容易出错的词或短语后面跟的成分本身是完整的句子，就必须用句号与前后的句子连接。

【示例】Mike has ever kept different kinds of pets. For example, last year he had a snake.

（四）缺失主语时

缺失主语通常是因为前后两个分句的主语一致，同时使用了并列连词，就错误地成为两个句子。

【示例】Most people love getting birthday presents. But hate writing thanks notes.

对这种错误的句子，我们可以有如下的改正方法：

①直接将缺失主语的不完整成分和前面完整的句子黏合在一起。

【示例】Most people love getting birthday presents but hate writing thanks notes.

②将缺失的主语补上。

【示例】Most people love getting birthday presents. But they hate writing thanks notes.

三、逗号连接

逗号连接也叫串句，这一类错误句型在中国学生的英语作文中是最常见的。所谓的逗号连接就是在两个完整的句子之间只用逗号来连接，而不是用分号、句号、问号、感叹号等句终符号，也没有使用任何连词。

在汉语中，两个或者两个以上的完整句子都可以用逗号连接，只要它们之间是有关联的。在汉语中，逗号的使用频率远高于句号。而英语则完全不同，句号的使用远多于逗号的使用。由于受到汉语中逗号用法的影响，在进行英语写作时，当一个句子的一套主谓结构已完整且意思上还与下一句连贯时，中国学生就习惯性地使用逗号来连接两个独立的句子，这种错误就叫逗号连接。

我们已经知道，在英语中，当一套主谓结构已完整时，必须用句号、分号、感叹号或问号等句终符号与后面的句子相连接，绝不能用逗号。

【示例】This afternoon I didn't have any class; there was a lecture, so I attended it.

这句话有三个完整的主谓结构，分别以分号和逗号加并列连词来断开，若全部只用逗号就成为串句了。

【示例】I stared at the dark blue sky with stars shining like diamonds, I felt the breeze softly kissing my cheek, I heard the pigeons flying back home.

这个句子的问题也在于逗号被用来断开两个完整的句子，而逗号并非句终符号。建议改为：I stared at the dark blue sky with stars shining like diamonds, felt the breeze softly kissing my cheek, and heard the pigeons flying back home.

再看这个串句：I dread going to parties, however, my husband loves meeting new people. 这个句子中出现了一个词however，因此我们有必要再来关注问题，就是一些最常见的副词性过渡词的用法，这些过度词也称为连接性副词，最常见的有：however、then、therefore、nevertheless、meanwhile、otherwise、instead、also、moreover、furthermore、thus、consequently等以及几个用法相同的词组：on the other hand、in addition、as a result等。通常它们的用法是在其前用分号，在其后用逗号，因此以上串句可以改为：I dread going to parties; however, my husband loves meeting new people.

逗号连接的修改方法通常有三种：①用逗号断开两个完整的句子，但是要同时用一个并列连词或从属连词来连接；②用一个分号将两个完整的句子断开；③用分号加连接性副词再加逗号的方式将两个完整的句子断开。比如，下面这句串句就可以用不同的方法来修改：

【示例】During the rainy season more water flows over Victoria Falls than over any other falls in the world, several other falls are higher than Victoria.

①During the rainy season more water flows over Victoria Falls than over any other falls in the world, but (although) several other falls are higher than Victoria.

②During the rainy season more water flows over Victoria Falls than over any other falls in the world; several other falls are higher than Victoria.

③During the rainy season more water flows over Victoria Falls than over any other falls in the world; however, several other falls are higher than Victoria.

当然，还有一种方法是在两个句子之间加句号，第二个句子首字母大写，不过这是最不可取的方法，因为加句号无法像其他方法那样反映出两个句子的关系。

四、主谓不一致

在英语中，主谓一致是一个最基本而又简单的规则，就是主语和谓语动词在人称和数量上要保持一致，这一点很容易做到。但是在实际情况中，很多学生都会在数的问题上出错，有时是因为粗心，有时是因为没有把握。因粗心而犯的错误很容易被改正，只要大家在写作时认真一些，写完了再检查一遍，基本上就可以避免这类错误的出现。

【示例】If one is indulgent in money, what he lose will be much greater than what he gain.

很显然，这句话的问题就在于从句中的谓语动词lose及gain都没有和主语第三人称单数代词"he"保持一致，可以改为：If one is indulgent in money, what he loses will be much greater than what he gains.

还有一个出错的原因是在有些情况下主语的单复数很难判断，因此谓语动词该用单数还是复数会让人拿不准，这时就需要我们牢记一些常见的规则。

①there后面的be动词用单数还是复数，要看最靠近的那个名词是单数还是复数，这也就是我们常说的就近原则。

【示例】There is a pen and two pencils on the desk.

There are three students and a teacher in this picture.

②由neither...nor...、not only...but also... 等连接的复合主语，其谓语动词也采取就近原则。

【示例】Neither my parents nor my brother wants to go to that restaurant.

【示例】Not only Mr. Nelson but also his neighbors have heard that strange noise.

③有些复合主语是复数时，动词单复数都可。

【示例】Each of the union members has agreed to go on strike.

【示例】Both of my roommates come from the Northeast of China.

④有些以-one、-body结尾的词，如everyone、anybody、nobody等后面的动词都为单数。

【示例】Everyone has handed in their homework.

【示例】Nobody wants anything to do with that newcomer.

⑤有些集体名词如government、police等，在句子中指这个群体的整体时所跟动词为单数，指这个群体的个体时所跟动词为复数，但是在大多数情况下，其所跟动词用复数。

【示例】The government have been considering tax cuts.

【示例】The local police have recovered the stolen paintings.

⑥有一些单词，如physics、mathematics、economics、arthritis、diabetes等，结尾带有s，但它们是不可数名词，谓语动词是单数。

【示例】Aids is still an incurable disease.

【示例】Pediatrics is what I'm most interested in.

⑦有些书、电影、歌剧等的名称为复数，但是当这些名称作主语时，动词用单数形式。

【示例】Cats was very popular all over the world.

【示例】Little Women is one of my favorite books.

五、悬垂修饰语

在一个英语句子中，一个修饰语具体修饰哪个成分必须是清楚而准确的，当某一个修饰语找不到它所修饰的对象时，就成了一个悬垂的修饰语。通常容易出现悬垂状态的都是状语，即悬垂状语。

【示例】Crossing the bridge, our beautiful campus came in sight.

这个句子中crossing the bridge这个伴随状语在句中找不到它所修饰的成分，它就是一个悬垂状语，可以改正为：Crossing the bridge, we saw our beautiful campus.或When we crossed the bridge, our beautiful campus came in sight.

【示例】To impress the interviewer, punctuality is essential.

句中的to impress the interviewer这个目的状语没有逻辑主语，若要改正就必须把逻辑主语找出来，比如可以改为："For us to impress the interviewer, punctuality is essential."目的状语中的us就是一个逻辑主语，当然，也可以是you、him等。

悬垂状语在学生作文中经常出现的一个很重要的原因就是受汉语的影响。在汉语里我们可以有这样的句子：一觉醒来，天都亮了。于是有的学生就会写出这样的英文句子：Waking up, the day had broken.

这就是典型的悬垂状语句，在这样的句子中，采用伴随状语的形式是有条件的，那就是伴随状语的逻辑主语和主句的主语必须是同一个人或事物。如果不是，状语从句中的逻辑主语就必须出现，以上句子可改为：When I woke up, the day had broken.

当然，还有一种修改方法就是将主句的主语和从句的主语统一，按照这个方法，刚才的句子也可以改为：Waking up, I found the day had broken.

省略型的状语从句也是如此，只有当状语从句和主句的主语一致时，才能省略状语从句中的主语和助动词。

【示例】While the farmer was crossing the bridge, he saw a fisherman was fishing under the bridge.

可以省略为：While crossing the bridge, the farmer saw a fisherman was fishing under the bridge.

但如果原句是：While the farmer was crossing the bridge, a fisherman was fishing under the bridge.就不能采用省略句，因为前面的从句和后面的主句主语不一致，会出现悬垂状语从句。所以，在使用省略型的状语从句以及伴随状语时要谨慎，这两种结构很容易出现悬垂状语。

第三节　英语写作过程中的认知心理

一、认知心理理论基础

（一）认知主义

认知主义心理学家强调学习的过程就是"认知"逐渐形成与不断发展的过程，即学习者在遇到问题情境后，经过认真思考、整合材料去探究知识。美国教育心理学家布鲁纳（Bruner）和奥苏伯尔（Ausubel）指出，在学习过程中，学习者应发挥"主体"作用，不断通过认知、思考、理解等意识活动进行"强化"。布鲁纳要求学生在搜集与分析学习材料的基础上，积极主动地思考与探究，有意识地发现知识，在这一过程中激发内在动机，增强自信心，最终实现理解知识、提升能力的目标。奥苏伯尔强调通过建立新旧知识的联系进行"有意义学习"。

（二）元认知策略理论

美国心理学家弗拉维尔（Flavell）将元认知分为元认知知识和元认知体验，这二者相互联系、相互促进。社会心理学家布朗（Brown）认为，元认知包含认知的知识和认知的调节，其中认知的知识是指个体对其自身的认知能力和内容的认识，认知的调节是指个体根据实际情况，对其自身的认知学习进行规划、监控、调整等。学者雅各布（Jacobs）和帕里斯（Paris）将元认知定义为"任何关于认知的知识可以在个人之间共享的状态或过程"。他们都认为有关认知的知识是元认知的组成部分之一，而他们所提出的另一组成部分关于认知的运用或认知的调节实质上都是一个动态的监控、调整的过程。

作为元认知系统中的一个重要组成部分，元认知策略强调的是一个内部的、系统的、动态的学习过程。在这个过程中，学习者要进行自我监控和自我调节。元认知策略的计划策略包含设置学习目标、积累学习经验等。在写作开始前，学习者要根据自己的元认知知识对所给的写作题目进行分析，联想合适的单词和短语规划文本内容以及文章结构。监控策略则是指学习者在进行写作时要学会剔除无关的信息，提取与文章主题贴切的信息，并不断进行调整与修正；此外，从分析题目、头脑风暴、列提纲到书写内容、改进文本内容是一个动态的、连续的逻辑过程，整个过程都需要学习者集中精力。调节与监控联系十分密切，学习者在进行自我监控的过程中发现自身不足或问题，从而进行自我调节与修正，以便达到理想的学习效果。学习者只有掌握了基础的认知内容以及写作技能，才能更好地发挥调节与监控的作用。

二、写作过程的认知心理特点

写作是一个动态的、等级式的和互动的过程，具有递归循环的特征。因此，写作认知心理过程不是对写作过程各成分做静态的元素划分，也不是对写作结果进行分析，而是把写作过程理解为一个完整的活动系统，进而从中分析出写作的每个具体过程。写作认知过程的不断提高和转变，不但赋予写作本质以新的内涵，突破了从修辞角度对写作进行研究的传统，激发了人们对写作认知过程进行研究的兴趣，同时也对写作教学产生了重大的影响，形成并发展了过程法教学的观念，使写作教学以学生为中心并且围绕写作过程开展。

三、英语写作过程的认知心理

写作是一个复杂的心理过程，涉及许多因素。英语写作又增添了新的因素，如英语语言知识和英语文化等。因而英语写作能力一直是中国英语学习者在英语习得过程中颇感头疼的技能之一。近年来，随着过程主义写作的兴起，相关学者通过探讨写作者在写作过程中的心理行为，能够找到英语写作的新方法。

写作含有两层意义，既可指写作成品，又可指产生成品的过程。按照学者席尔瓦（Silva）的说法，20世纪80年代以前，写作成品是人们关注的问题，学界的研究都局限于写作成品本身的特点。20世纪80年代以来，语言学界尤其是应用语言学界，对写作研究只注重成品的一贯做法提出了批评。学者科德（Corder）很早就指出，学习者习得语言结果的好坏并不能直接告诉我们习得语言的过程；而我们需要知道的恰好是在学习者头脑之中运行的这些过程，以及这些过程之所以能发生的必要条件。这种强调成品的做法没有考虑到成品是如何产生的或是如何被接受的，也没有考虑到那些制约产生和理解这些成品的因素。

不少语言学者则做了更为细致的工作。他们借鉴心理学家的研究成果，采用一系列研究方法，获得了研究写作过程行为和心理的第一手资料。认知心理学家提出了"口头报告分析"的研究方法，用来研究实验对象。其具体做法是：实验对象在解决一个问题过程中口头报告出头脑中运行的一切思绪、念头、思想；研究者对这些口头报告进行录音并随之进行分析。

第四节 英语写作的基本步骤

一、创造

写作的过程是一个发现和认识的过程，也是一个创造的过程。具体来说，在创造阶段，写作者的任务就是按题目（自选的或指定的）进行探索，了解和发现自己对题目所知有多少，是什么感觉、态度和立场，了解别人（或别的写作者）对该题目的观点和立场，琢磨要在文章中说些什么。从某种意义上来说，写作者从"零"开始，对题目的各个方面进行初步了解，产生相关素材，这个过程称为"创造"。

创造阶段的一切活动都是具有探索性的，即使所用的手段或技巧都很系统，但在这个阶段，你所关注的不是要立刻写出观点明确、结构严谨、词句流畅的绝妙文章，而是使自己放松，对与题目相关的各个方面进行探索和发现，并产生与之有关或有用的素材。当然，如果你的写作题目、对象和目的（所谓修辞环境）很明确，创造活动就会进行得更有条理、更系统些，因为你知道该去找什么、发现什么，到哪里去找、去发现。创造活动在具体文章的写作过程中究竟如何发展，要根据具体的修辞环境而定。在进行创造活动时，写作者可以采用各种不同的手段或技巧。虽然人们通常把写作过程的第一阶段看成是创造的阶段，但是创造活动可以贯穿于写作的全过程。

二、构思

写作的第二个阶段是构思。这个阶段的主要任务就是整理素材和勾画文章。

首先，整理创造阶段所产生的素材，从中发现哪些东西可能有用，哪些东西可以成为文章的题目或与已确定的题目直接有关。特别要注意发现有意义、新颖、独到和闪光的东西。

其次，确定文章的主旨及写作的目的：为了说明什么？解释什么？建议什么？分析什么？纠正何种偏见或误解？向何种观点商榷或挑战？可以说，这时写作者就像一个建筑师，在设计和确定该建造什么样的楼、采用什么风格等。

最后，确定更具体的东西：文章该怎么组织？该包括哪些内容？怎么开头？中间怎么发展？怎么结尾？使用什么例子、典故、引语、数据和逻辑分析方法？这就像是拿出一个具体的建筑图纸一样。许多写作者在这个时候确定写作提纲，这是一个很重要的步骤，是对整篇文章构造的蓝图。不过，这个蓝图并不是刻在石碑上的，而是可以在写作过程中根据具体情况不断进行修改的。

三、列提纲

列提纲是英语写作的第三步。提纲是用来表达一篇文章中各个段落与主题保持一致的主要内容框架。列提纲有助于建立段落之间的逻辑关系、明确写作程序、理清思路，从而使文章主题明确、内容充实、逻辑清晰。编写提纲的方式有以下两种：

（一）主题句提纲

主题句提纲就是根据题目和主题的要求列出写作者要阐明的每个段落的主题句，主题句必须围绕主题展开。这样可给整篇文章定位，把握文章的导向，使文章段落层次分明、主题突出、前呼后应、连贯顺利。但要注意的是，因为主题句是段落的核心，每个段落的主题句只能有一个。例如：

主题句1：Learning English will help me to know more about different culture.

主题句2：Learning English can give me chances to make friends with people from other countries.

主题句3：Learning English might be a good opportunity to get a better job.

以上三个主题句都是以学习英语的好处为主题来展开讨论的。这三个主题句都与文章的主题保持一致，从而体现了与文章主题的一致性，支持了文章的主题。

（二）题目式提纲

题目式提纲，即用词组或短语形式列出提纲。例如：

主题：To lie or not to lie to the patients is the doctor's dilemma.

介绍段：Doctor's attitudes towards the patients

扩展段1：Doctor's reasons for telling lies
①Benefit
②Differences
③Risks
④Results
扩展段2：The author's reasons for telling the truth and lies
①Evidence of telling lies
②Studies of a majority of patients
③Benefit of truthful information
④Harm to doctors
结尾段：the great harm doctor's lies to their patients, to doctors themselves and to the entire medical profession and the urgent need to debate the issue openly.

以上是用短语的形式把要展开的要点列成了提纲，便于明确写作思路、紧扣主题。

四、写作

写作是一个遣词、组句、谋篇的全过程。写作者要充分注意句与句的衔接、段与段的过渡、首尾呼应、结尾点题等。并不是每种写作方法都能引起学生对英语写作的注意，因为写作中的所有问题都不能用某种特定的方法来解决。在英语写作的教学阶段，将多种写作教学方法结合是一个必不可少的部分，是学生在未来生活中可能应用的一项技能，所以英语教师有必要寻找更有效的方法来提高学生的应用文写作能力。我国英语教学水平随着社会的进步而不断提高，对于英语写作教学，许多专家学者进行了越来越深入的研究，随之出现了各种写作教学方法供各位英语教师参考。

五、修改

修改不等于或不同于校读。简单地说，修改有两个不同层次：宏观修改和微观修改。宏观修改所涉及的是通篇内容和结构，微观修改所涉及的是段落和遣词造句。而校读则属于修改过程的下一阶段，也就是最后一道工序。这之间的区别十分重要，因为很多人对修改的概念很模糊，以为只要校读几遍、纠正词语和标点符号方面的差错便万事大吉了。这样的"修改"也许可以使文章在某些细节问题（词语、标点）上无可挑剔，但是可能遗留下很大的结构性问题。就像新建的房子，不管装修、装潢得有多么高雅或漂亮，如果存在结构性问题，就不能说是一个成功的建筑范例。

从某种意义上来说，修改也是一个再认识、再发现和再创造的过程。怎样才能有效地修改文章，可以从以下几个方面入手：

①篇章主题方面。写作的内容是否符合要求，文章的主题是否清楚，论证的内容是否充分。

②段落方面。每个段落是否有主题句，主题句是否围绕篇章的主题；扩展句是否支持了主题句、内容是否充实、是否具有说服力，扩展句之间的关系是否符合逻辑，是否使用了恰当的连接词；每个段落是否有结论。

③句子结构方面。句子结构是否完整，句子成分是否完整；重点句子是否有谓语动词，是否出现了两个以上的动词，主谓是否一致；时态、语态、语气是否正确。

④词汇使用方面。名词的使用是否准确，名词的单复数是否正确，动词的搭配是否正确，形容词、副词的用法是否正确，代词的指代是否准确。

修改就是检查一遍所探讨的主题、细节、文章内容之间的关系和安排以及在多大程度上能为论点服务。打草稿时，写作者要集中力量把自己对某一话题的看法表达出来；而修改时必须要从读者的角度，考虑读者会如何看待自己所表达出来的想法。

修改是整个写作过程中至关重要的环节，可以说，没有修改就没有成型的文章。问题是怎么进行修改呢？从哪些方面着手呢？简单来说，修改分为自检修改、同伴修改与指导教师修改三种。

①自检修改。批判性地阅读自己的作品，发现问题，解决问题。自己发现问题不是一个简单的过程，写作者需要与草稿保持一定距离。也就是说，写完初稿马上就修改可能难以发现问题。最好写完草稿后先放一下，过几个小时甚至一天或几天，让头脑清醒一下，再客观地看待自己的文章，效果会更好。

②同伴修改。同伴修改是一种合作式修改策略，能使写作者和潜在读者（同伴或同学）之间形成良好的互动。写作者根据读者（同伴或同学）的反馈评价进行修改，会更有针对性。如果选择同伴修改，就必须牢记自己是读者，不是写作者；评论时要具体，要有针对性，不要泛泛而论；只提出最有意义的看法，暂时忽略拼写、标点等低级错误，以免打击对方的积极性；边读边写评论，以免最后有所遗忘。如果是纸质文章，可在空白处进行评论；如果使用电子版，可以采用批注的形式随时标记。最后可以从总体上说明优点和缺点各是什么。

③指导教师修改。指导教师修改具有高屋建瓴的指导性意义。指导教师一般不会直接对错误进行修改，而是用修改符号提示写作者哪里出现了什么样的错误，如标点、语法或是风格等方面的错误，写作者根据指导教师的提示自行修改。指导教师也会在空白的地方点评文章的内容或结构，可能要求写作者增加支撑细节、重新组织段落、改变风格，甚至会质疑行文逻辑、改变过渡方式、提出新的论述方向等。

写作者一定要认真对待同伴或指导教师的评论，弄懂评论的具体内容，不要有戒备心理；记录下别人指出的优点和缺点，以便在以后的写作中扬长避短，仔细考虑同伴或指导教师的评论。但是具体如何修改、是否采纳修改意见取决于写作者自己。

六、编辑与校对

这是写作过程的最后一个步骤。一篇文章立意再新、内容再好，可在字、词、句、语法、标点等各个方面都有错误，也不能说是成功的。不管这些似乎微不足道的瑕疵是粗心还是概念模糊所造成的，都会对文章的质量产生负面影响，给读者留下不好的印象；至少会影响写作者的可信度，不利于达到写文章的最终目的。这就是在完稿之前要反复校读的原因所在。

如果经过反复修改，文章的内容充实、组织结构清晰严谨、阐述有理有据、句子结构正确丰富，那么接下来要做的就是对文章进行编辑和校对，形成终稿。编辑和校对是非常重要的一步。不管计划、构思、打草稿、修改费了多少精力，如果忽视了蹩脚错误的地方，那么这篇文章在读者看来可能是失败的。

编辑与校对是检查写作的技术性错误，也就是语法、拼写、标点、大小写、数字、斜体、简写等方面的错误。这项工作需要写作者极其耐心和细心，很多初学者可能觉得文章已经修改好几遍了，而忽视了这一步。编辑与校对不是对文章进行根本性的修改，不宜添加新的想法，而是针对文章的清晰性、有力性与正确性进行修改。

①清晰性。词句是否能够直接、有效地表达作者想要表达的意思？哪些词句意义模糊？这些都需要写作者在编辑与校对阶段进行检查，尤其要检查文章语言的准确性，并列结构、修饰语、句子的完整性及代词指代内容的清晰性。

②有力性。词句是否能吸引并引导读者的注意力？有没有什么地方显得

啰唆、不连贯或乏味？这些都需要写作者在编辑与校对阶段进行检查，特别要注意检查以下几项：主要观点是否得到了强调？过渡是否自然、清晰？句子长度与结构是否变化丰富？句子是否得体、简洁？

③正确性。低级的表面错误在多大程度上阻碍了清晰、有力的表达？写作者一定要检查拼写、代词形式、动词形式、动词时态、主谓一致、句子片段、逗号连接句、标点符号等方面的问题。

编辑与校对时，写作者一定要多进行几遍，发现和更正错误。为提高编辑与校对的准确性，写作者可以尝试不同的方法，避免陷入自己的惯性思维和节奏中，遗漏本来可以发现的问题。

第四章　英语写作的教学方法

英语写作是一个考查学生英语综合能力的项目，对英语学习中的基础知识涵盖面甚广，可以很好地反映学生的英语综合素养。英语写作教学方法也在教学改革中不断地创新。本章分为结果教学法、过程教学法、体裁教学法、写长法、任务教学法五个部分。主要包括：结果教学法概述、过程教学法概述、体裁教学法的含义、写长法概述、任务教学法概述等内容。

第一节　结果教学法

一、结果教学法概述

（一）结果教学法的含义

结果教学法是一种传统的写作教学法，发源于中世纪的拉丁语教学，19世纪开始被应用于教学实践。这种方法侧重写作结果。在进行写作教学中，教师应该多关注学生的写作结果。在学者纽曼（Numan）看来，结果教学法是"自下而上"的教学法。结果教学法将教学理解为一个刺激—反应的过程，是行为主义的体现。在以结果为基础的教学法指导下的课堂上，写作学习是通过教师对范文进行讲评、学生总结模仿、教师再对学生的模仿结果进行批改的过程。这种方法使得教师在整个过程中占主导地位，提高了写作教学的效率，使学生可以在短时间内了解各种类型文章的写作方法，能够相对平静地面对写作任务。但这种教学方法的缺点在于：学生长时间处于被动地位，没有时间和机会进行独立思考。在整个写作过程中，教师是控制者，学生是被动接受者，这样的学习经验不利于学生的自主探索，所以，在真实的情境中培养英语写作的交际功能是不容易的。

由此可见，结果教学法是一种以行为主义为理论依据、强调语言形式特征、注重写作最终成果的写作教学法。

（二）结果教学法的特点及优势

结果教学法将写作过程看作教师给予刺激、学生做出反应的一种过程；注重写作结果，以范文为导向，要求学生汲取其中精华并按要求进行模仿；重视语法、词汇及衔接的正确使用，认为写作与语言知识密切相关，因此文章语言结构的正确性才是写作教学的重中之重。在结构教学法中，教师主导课堂，给学生提供系统的写作训练，对学生的写作给予显性指导，并及时纠错。学生在写作过程中比较被动，缺乏主动建构写作知识的机会。

结果教学法特别重视范文的作用，要求教师必须提供足够、恰当的语言刺激因素，让学生不断进行观察、模仿，通过强化使得学生的语言表达习惯逐步固定下来。在英语写作过程中，学生采用恰当而有意义的重复性操练和复习方式有助于写作习惯的养成和写作能力的提高。

模仿是结果教学法的核心思想，是语言学习的根本手段，具有一定的合理性。没有模仿，就没有继承，更谈不上创造。牙牙学语的幼儿正是通过模仿语言，逐步认知语言信息的，从而形成语言思维能力。成人学英语与幼儿学母语在这一点上具有共性。无论在二语写作的初级阶段还是高级阶段，结果教学法都有一定的参考价值。

结果教学法重视"传""授"理念，所以教师是教学大舞台的主角和编导。结果教学法关注写作的结果，强调语言的正确性，注重语句用法、形式、表达等语言基本功和文章的整体结构与质量。因其能从宏观方面提高学生作文的连贯性，可以在较短时间内使学生的写作水平达到基本合格，对于备考、备赛以及一般应用文体的写作来说，这种方法的效果尤为明显。因此，这种方法至今在英语写作教学的舞台上仍有一席之地，且深受传统写作教师的推崇。

二、结果教学法在写作教学中的应用

结果教学法符合美国行为主义心理学家斯金纳（Skinner）的条件理论，具备学习行为的三个步骤：刺激、反应和强化。在条件理论的指导下，结果教学法的主要写作阶段往往为四个阶段：在第一阶段，教师选取有代表性的文章，通过重点分析其修辞手法和语言结构，帮助学生熟悉范文。在第二阶段，教师对学生进行相关语言知识训练，如相关词汇、句型的训练，并对学生的段落写作予以辅导。在第三阶段，学生模仿范文进行独立写作。在第四阶段，教师进行详细批阅。通过此过程可知，结果教学法的写作过程只有一个写作步骤，呈线性排列。

（一）结果教学法的实施模式

①讲解范文，分析特点。教师选取范文进行讲解，学生熟悉范文，了解规律。

②控制性练习，总结句式。教师指出范文结构和相关常见句式、短语甚至单词，引导学生进行段落写作。

③指导性训练，模仿写作。教师指导学生模仿范文，让学生运用经过训练的句式、段落类型，写出类似的文章。

④自由写作。经过讲解、训练和模仿强化，学生可以自由发挥，根据现实情境完成写作。

⑤批改作文。教师以学生的文章作为最终结果，修改、批注、评分。

（二）结果教学法的不足

结果教学法虽然有其自身的长处，但忽视了写作过程的复杂性和教学中的情感因素。结果教学法以教师为主体，使学生完全在教师的控制和支配下完成写作过程，导致学生几乎没有想象和创作的自由空间，使文章写作成了机械的语言输入和输出过程。这样的教学环节突出了"控制因素"（如信息再现）和教师的主导作用，一味强化课堂信息传递的单一性，导致写作的内容不是学生自己的思想；写作的过程各自独立，学生没有参与商讨、评价、修改等能发挥主观能动性的活动；写作的产物往往结构生硬、内容空洞、语言贫乏、千人一面、平淡无味；学生缺乏写作的动机和热情，使得焦虑、抑郁等消极的情感因素充斥着他们的内心。在这种情况下，写作成了应付差事，似乎与创造性思维、写作技能和人文素养的培养目标有一定差距。

实施结果教学法后，学生的写作动机有所增强，但未能得到全面激发。究其原因，有以下几个方面：①结果教学法发挥范文和模板的作用，重视基本句型的操练，为学生提供了写作的参考，在一定程度上能增强学生的写作兴趣。但随着写作训练的增多，结果教学法较为枯燥的授课方式对学生的写作兴趣起了相反的效果。②在结果教学法中，教师占主导地位，学生进行思想交流和思想拓展的机会较少，学生的主观能动性受到压制。在写作体验方面，仍有部分学生无法用英语自如地表达内容和自己的思想，在写作时较为焦虑。③在结果教学法中，教师纠正的重心是词汇和语法的错误，而忽略了文章内容等方面的要求。一些学生在得到教师的反馈之后，发现自己的文章中有很多语言错误，从而逐渐丧失了写作的信心。

在实施结果教学法后，仍有部分学生不擅长使用写作策略，其原因可能在于：①结果教学法将教师和学生的写作训练限制在范文和特定句式当中，学生的思维在写作前未能得到发散和拓展，导致学生不能很好地审题，不能有效地使用列提纲、写关键词等规划策略。②结果教学法是自下而上的教学法，其重点在句式和语法的正确性上。因而学生在行文时忽略了词汇和句子的多样性，也未注意到中西方思维的差异。整体而言，学生执行策略使用水平较弱。③在结果教学法中，学生未亲自对自己的作文进行修改，也无法得到同学的修改意见，教师是文章唯一的评阅者。

第二节　过程教学法

一、过程教学法概述

20世纪90年代，过程教学法是提高写作教学质量的一种新的教学方法，在英语写作教学中得到了广泛的应用。顾名思义，过程教学法相较于结果教学法更注重写作过程。在写作过程中，为了提高学生的认知能力、交际能力和写作能力，教师需要引导学生进行交际活动。

国外学者古斯（Guth）将教学过程细分为六个步骤：激发、准备材料、初稿、复习、重写和终稿。学生的写作自主性可以通过过程教学法被激发出来，学生在互动过程中多次修改和复习自己写的文章，通过不断发现问题和解决问题，逐步提高自己的写作能力。过程教学法要求教师引导学生在写作教学过程中发现问题、分析问题、解决问题。这种方法的优点是学生在写作过程中有较强的自主性，能够独立发现问题、解决问题、提高创新思维；缺点是过程教学法需要更多的教学时间，只能小班进行，要求学生要有一定的语言基础。

二、过程教学法写作步骤

基于认知心理学和社会心理语言学研究成果而产生的社会认知理论将写作过程视为一种极为复杂的心理认知过程和语言交际过程。交际理论认为，写作过程实质上是一种群体间的交际活动，而不是写作者的单独行为。过程教学法把重点放在学生的写作过程和写作能力上，有利于学生了解自己的写作过程，充分发挥他们的思维能力。

（一）输入

输入又称写前准备，指在教师布置写作主题后，学生确立文章的中心思想、确定体裁、搜集素材、列出提纲。教师可以采取各种活动方式来调动学生的积极性，如集思、阅读范文、听讲座等。

集思就是让学生针对某一问题进行小组讨论，畅所欲言，集思广益，展开快速联想，获取素材，拓宽思路。通过课堂小组讨论，共享信息，激活新思想，拓宽新思路。

下面以"The Effects of Exercise on Our Health"这一作文为例说明集思的过程。

这个作文题目的关键词是effect，学生就"体育锻炼对我们身体的益处和坏处"进行小组讨论。讨论的结果如下：

体育锻炼的益处：keep fit、control weight、power the brains、better one's metabolism、help relax oneself、release one's pressures、strengthen one's immunity to diseases、improve one's qualities等；体育锻炼的坏处：get injured、lose water、cause sudden death等。接着，教师可以启发学生：既然体育锻炼有利有弊，那该如何进行体育锻炼呢？学生经过讨论，提出以下建议：①be well-prepared beforehand；②do exercise suitable to one's physical conditions；③do exercise regularly and progressively；④add more water and more iron-rich foods to one's daily diet.

下一步通过讨论，确定文章的体裁是说明文，弄清写作思路、文章结构和具体的展开方式，开始拟列提纲。大家在讨论之后达成共识，文章分为三段，第一段主题句为：exercise does bring a lot of benefits to our health；第二段主题句为：exercise also bring; about some negative effects；第三段主题句为：therefore, a scientific approach must he adopted to the problem of exercise.

通过这样的讨论，学生学会积极思考，同时分享更多的信息，从而拓宽视野、积累知识。在讨论之后，每位同学可以根据自己的理解和需要从不同的角度进行写作。

（二）初稿

学生在明确了写作目的和对象的基础上，把自己从讨论、阅读、调查等途径得来的有关某一主题的所有知识素材综合起来，将所获得的信息进行整理加工，按照提纲写出初稿。只有在写作的准备阶段收集到充足的资料，初稿的写作才会十分顺利。在初稿阶段，学生注重的应是写作思路的通畅、行文的流利、内容的完整以及言之有物，而不是中途停下来检查语法、拼写等错误，否则会打断思路。

初稿是写作过程中最重要的一步，因为在输入阶段只有基本的思路和写作素材，所以用适当的方法和准确的语言将脑海里的东西表达清楚并非易事。在初稿写作过程中写作者要注意以下两点：①注意段与段之间的逻辑衔接。可使用必要的"启""承""转""合"等手段，使全文连成一个整体。各段之间除用过渡词或词组外，必要时还可使用过渡句或过渡段。②注意句式多样化。既可用陈述句、感叹句，也可用疑问句，还可用分词短语、介词短语代替句子。同时，简单句、各种复合句可变换使用，主动语态、被动语态也可适当交替使用。还可用一些修辞手法（如比喻、设问等）使文章更生动，尽量不要反复使用同一句型。句子的长短应视文章体裁、内容、风格而定，该长则长，该短则短，以自然平滑为宜。

（三）同学互评

中国有一句古话说得好："当局者迷，旁观者清。"由于视角的不同，写作者本人常常无法察觉到自己文中的一些错误与不足，同学间互评可以有效解决该问题，这也是学生写作训练过程中不可缺少的步骤。同学互评通常是在学生完成初稿之后进行的。一般教师把学生分成两人或四人一组，让他们交换初稿、相互审阅、根据事先列出的一些评判标准分项打分、进行互评、提出修改意见并讨论修改方案。讨论后，学生在文中和结尾处提出修改建议，写出书面评语。在互评中，学生既是写作者，又是读者。教师可在各组间进行巡视，但不要过多干预，只对提出问题的学生进行答疑和帮助。在相互评阅与讨论后，学生本人对文章做进一步的修改与完善。

有了同学互评这一环节，学生会在写完初稿后自觉地、不断地进行思考，在互评时也变得更加主动，能积极与同学探讨自己的想法，切磋更好的表达方式。在同学互评过程中，学生可以从别人的评价中发现自己的问题与不足，经过消化、吸收之后进行再创造，在纠正错误中提高自身正确使用英语表达思想的能力。通过同学互评，学生更熟悉写作过程，写作技能得到锻炼，从而进一步提高了自己的写作水平。在互评中，读者是兴趣相同、思维活跃、善于发现问题的同龄人，由此获得的写作信息以及评改策略大大优于教师单一的评语。

另外，阅读他人的文章也能为自己的写作提供对照和借鉴。同学互评不但能使学生在批判性地阅读别人文章的过程中学到更多的写作知识，也会留心别人文章中出现的错误，使自己避免犯同样的错误，达到取人之长、补己之短的目的。

（四）二稿

二稿是学生根据课堂上的反馈意见及自身的思考对初稿进行较深层次的修改或重写。修改是写作的一个重要部分，是一个重新认识、发现和创造的过程。从方法上讲，修改可以分为宏观修改和微观修改。宏观修改就是写作者从大处着眼，重新审视文稿的内容和结构，并做相应的改动。微观修改是写作者从段落、句子、词语等层面对文章进行修改。在修改段落时，写作者应该重点关注内容的统一性、完整性、连贯性以及句子的简洁性。在修改过程中要使文章中心突出、层次分明、条理清楚、结构合理、语言准确，恰当而有效地向读者传达写作者所要表达的内容。

（五）教师批阅

教师收集学生的二稿，针对其内容、结构等方面进行评改。教师在批阅时应多鼓励，要注意发现学生的优点，哪怕是一个用词、一句话写得好，也要画出，写上"Great、Good"等以示肯定和鼓励。在指出篇章结构欠妥或语法错误时，语气要婉转，避免打击学生的写作信心，可采用如"Please pay attenetion to..." "You'd better..." "I'll be much better if you..."等句型来表达。

对表达能力较差的学生，教师不要把所有的问题和错误一次性地写在评语里，而应分批指出。教师应将重点放在肯定学生的写作优点上，维护学生的自尊，激发他们的进取精神，增加他们学习英语的动力。

（六）定稿

定稿是指学生在汇总同学反馈和教师批阅的意见后，对前两稿进行的最后修改、润色和加工。最后，学生把所写的提纲、初稿、二稿及最后的定稿一并交给教师，以便教师对写作的全过程及成稿的成功性做出总体评价。教师在批阅文章时应注意发掘其中的优点，给予肯定和鼓励。此外，师生间还可以就教师的评语进行交流。

（七）反馈及范文展示

在评阅学生定稿之后，教师在课堂上对全体学生的共同优点和不足进行总体点评。肯定和鼓励学生在写作过程中取得的成果，对普遍性的问题进行分析、订正。通常情况下，教师要将范文提供给学生，让他们有一个可以模仿或借鉴的模板。

教师可挑选一些好的文章和评语在班里朗读，进行表扬和鼓励，激发学生的写作兴趣和互相评改的积极性。在评优秀作文时，教师可以与学生一起充分发表自己的见解，从布局谋篇到语言运用等方面充分肯定作文的优点，特别要对英语语言的使用进行详细的讲评，使学生多接触正面的内容、看到自己的不足、明确努力的方向、找到学习的榜样。

教师反馈及范文展示的方法有很多，不仅可以在课堂上进行，还可以充分利用互联网，将优秀范文发到学生的公共邮箱或自己班上的QQ群里。这样可以节省课堂时间，也可以让学生随时随地阅读优秀作文。

第三节　体裁教学法

一、体裁教学法的含义

体裁教学法在一定程度上解决了结果教学法和过程教学法注重语言和语法的问题。体裁教学强调教师以语篇图式结构为中心，让学生在学习过程中掌握不同类型文章的不同结构和交际意义。它的优势在于：学生掌握了不同类型文章的写作方法后，面对突如其来的应用文写作要求，能够轻松地进行创作。其缺点是：太多的规范会使学生疲惫不堪，不易激发学生的写作热情，也不利于培养学生的独立思考能力。

二、体裁教学法的实施步骤

（一）范文分析

教师通过范文介绍某一特定体裁，分析体裁结构、语言特点，帮助学生掌握该体裁语篇的特征，着重分析与该体裁相关的社会语境和交际目的。范文分析是体裁教学的重要环节，通过范文的分析，学生对这一体裁的形式和内容有了全面的了解，在大脑里建立了相关的图式，为以后的写作环节打下坚实的基础。

（二）模仿写作

根据体裁分析的结果，学生开始撰写这一体裁的文章。撰写过程包括阅读、搜集与整理资料、写作等阶段。模仿写作不是简单地照搬范文，而是通过模仿将范文体裁的结构特点和语言特点内化到知识结构中去。学生通过模仿写作可以更深地体会到某一体裁的结构特征和语言风格，加深理解特定的语篇结构，然后学会就选定的题目进行讨论，从而独立创作这一体裁的文章，达到语言的交际目的。

（三）独立写作

学生选定一个题目进行研究，然后写出这类体裁的文章。英语的写作体裁有多种，进行不同体裁的写作是为了达到不同的目的。传统上英语写作可分为四大类：记叙文、描写文、议论文和说明文。虽然目前大学英语教材中的许多文章属于说明文和议论文，甚至全国大学英语四、六级考试作文和全国高等学校英语专业四、八级考试的作文体裁也大都是说明文或议论文，但是，值得指出的是任何一篇英语文章的写作都不可能是单一体裁的使用，而往往是多种体裁的综合运用。记叙文是写作中比较常用的一种表达方式，它就常常与描写文、说明文和议论文综合使用。在说明文中，亦常常运用叙述的方法来介绍事物的发展变化，或提供典型的事例，将事物的特征和本质说明得更具体、形象。在议论文中，可运用叙述来概括某些事实，从事实中引出论点，或以事实为依据来论证论点。

体裁法以交际为目的，使某类语篇具有大致相同的图式结构，而这种图式结构影响着语篇的内容和语言的风格。例如，记叙文和议论文具有不同的交际目的，它们各自的图式结构决定了各自的语篇内容和语言选择的不同。另外，体裁具有制约性、重复性、常规性、程序性、习惯性等特点。值得注意的是，体裁的常规性并不是一成不变的。由于文化因素或语篇变量的不同，属于同一体裁的语篇之间存在差异，人们可以在不破坏体裁基本结构的原则下发挥自己的创造力。

同时必须意识到，体裁教学法仍存在一些不足之处：体裁的规约性可能导致教学活动陷于呆板和枯燥之中，使学生的写作千篇一律；容易造成以语篇

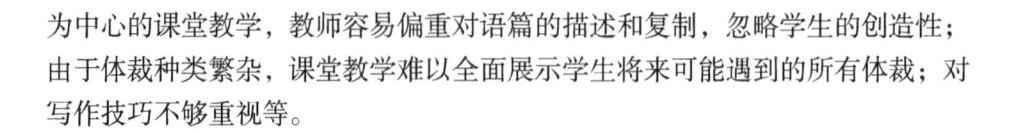

为中心的课堂教学，教师容易偏重对语篇的描述和复制，忽略学生的创造性；由于体裁种类繁杂，课堂教学难以全面展示学生将来可能遇到的所有体裁；对写作技巧不够重视等。

第四节　写长教学法

一、写长法概述

（一）写长法的概念界定

写长法主张从学生入手，发散学生的思维，提升学生的写作能力，培养学生的语篇能力，释放学生的学习潜能。从字面意思看，写长法侧重增加写作篇章的长度。实际上写长法从句子和词语的角度入手，不改变原句的意义，同时也保证语法和时态的准确性，适当地增加句子长度，提升学生的写作水平，从而提高学生的英语水平。写长法是一种新兴的写作教学法，有着其特有的优势，受到了国内外很多权威学者的肯定。与传统写作教学不同，写长法摒弃了死记硬背的方式，采用灵活的教学和学习模式，以增强学生语言学习的信心。

王初明教授首次提出"写长法"这一教学理念，引起了学界广泛关注，越来越多的学者开始研究写作在二语教学中的重要地位，分别在写作布置、进行写作、批改作文、给出评价等方面进行了研究。写长法的发展也不是一帆风顺的，因为这是一种新型的教学法，难免会受到国内外一些语言学家的质疑。但是王初明教授都在自己的文章中给出了解释，回答了学界对写长法所提出的质疑。

（二）写长法的教学原则

学者纽曼提出，每个教师在设计课程的时候都应该考虑以下几个原则：首先，了解学生的写作动机是教师教学的第一要素。其次，应该为学生提供更多的写作机会。此外，有必要提供有用且有意义的反馈。最后，教师应明确写作评价的标准。同样，写长法也是一种通过写作来促进英语学习的方法。这种方法通过设计适当的写作任务来增强学生的自信心，从而逐渐提高学生的学习能力，使得学生的写作量逐渐增加。同时，学生的写作和学习焦虑也会减少。

王初明教授提出一些写长法的基本教学思想:

第一,写长法有助于开拓学生的情感视野,促进二语习得。美国语言教育家克拉申认为,情感因素在第二语言学习中是必不可少的。因此,学生在学习英语时还要有积极向上的情绪,这样的情绪有利于英语学习。所以写长法鼓励学生通过自由大胆地写作来提高写作能力。至于评价,教师不再重视学生的错误,而将注意力放在表扬学生的优点上,这样学生可能会有更多的自信。因此,写长法符合学生的情感需求。

第二,英语技能是学的不是教的。通过写作,学生可以更好地学习英语。写长法所提倡的是"以写促学",并非"以学促写"。另外,更重要的是,教师为学生提供了更多的写作机会,因此其设计的题目要让学生有很强的写长意愿。

第三,加拿大教育家斯维因认为,包括写作在内的语言输出应用在第二语言习得中起着重要的作用,它能帮助学生测试语言的句子结构和词汇。当学生用英语表达他们的观点时,他们要调用以前所学的知识、考虑使用句法规则、思考词语搭配、衡量词语的正确性和得体性。

第四,写长法有助于激发学生的学习积极性。众所周知,英语学习的成败十分复杂且难以控制。然而,学生可以很容易地决定所写文章的长度。在写长法教学过程中,学生可以取得很大的进步。根据学生语言能力的发展,英语写长法的教学理念之一是逐步调整和增加写作篇幅,使学生每次都可以写得更长。此外,通过写长法,每个学生的潜力可以被激发出来。与传统的写作方法相比,写长法不限制写作时间或字数,帮助学生拓展思路、提高创造力。

综上所述,写长法的教学理念符合英语新课程标准所倡导的教学模式,展现出一种新的"以写促学"的教学模式。

(三)写长法的国内外研究

写长法由王初明教授在我国率先提出。王初明教授想以此方法对我国英语教学进行改革,经过一系列科学的教学实验,得出相应结论,即写长法能够促进英语学习,提高英语学习效率。国内外诸多学者对其进行了深入研究,并取得了显著的进展和丰富的教学成果。

1.国外研究

"写长法"是我国本土孕育的一种英语教学方法,而以写促学在国外为诸多学者所研究,二者的教学理念有一定的相似之处。自20世纪末,"以写促学"就被国外的教育学家作为重点进行研究。理解是写作者有效完成写作的基础，因此国外学者毕肖普（Bishop）和富威尔（Fulwiler）认为，写作者在完成写作任务过程中要更多地关注意思的发展和内容的理解，将写作上的机械性特征和形式放在次要位置。写作可以拓展学生的语言逻辑思维，学生通过写作在纸上记录下自己的观点、问题和想法，使得学习活动显而易见。

20世纪70年代以来，"以写促学"的写作方法引起了国外研究者的关注。有学者认为，以写促学的课程对传统的学业成绩衡量标准有着积极的影响。还有学者发现，学生在涉及他们主动写概念的试题上，比那些涉及他们从教师幻灯片上复制概念信息的试题表现更好。有的学者曾对以写促学的作用、特征以及关键进行过详细和全面的论述。"以写促学"的关键是为学生创造机会，允许学生自行探索，允许学生将他们已知的进行分享，让他们冒险，并促进他们积极参与。以写促学更侧重的是学生的思考，当一些学生在课堂和小组讨论中不积极主动发言时，教师可通过让他们分享写作想法，使学生获得自信心。综上，写长法的理念通过以写促学的研究逐渐引起国外学者的关注。

2.国内研究

在国内，王初明等学者根据英语"写长法"教学改革的实验结果，提出了写长教学法。实验结果表明：写长文的方式对学生英语写作有一定帮助，有助于提高其英语水平。写作的过程也是将词汇巧妙融合的过程，但词汇是诸多英语学习者的弱项。王初明在一项关于写作与词汇记忆的研究中表明：在写作中，某个单词被运用过一次，那么这个单词便会更容易被记住。因此学生想要提高识记单词的效率可以通过写作的方式来完成。学者高雪、杜洋和牛慧卓等人通过研究证实了写长法能够对词汇学习产生积极影响。同时，王立非、唐桂民、方玲玲、许竹君、吴斐、甘丽华等学者都在实验研究中证明了"写长法"能够有效改善学生对英语的使用，并提高其英语水平。钟凌、王天发、孙晓芳、吴静英等诸多学者也验证了"写长法"在英语写作教学中的积极作用。

在研究对象上，王明初最初选取的是英语专业本科一年级的学生，随后，其他学者在他们的研究中将研究对象扩展到各个年级层次，主要集中在大中专学生，特别是非英语专业学生。如学者孙彩媛、孙成统研究写长法在民办高校非英语专业基础阶段写作教学中的应用，学者唐丽将英语写长法应用于高职英语写作的实践研究中等。此外，也有以英语专业学生为研究对象进行研究的，如学者江婉丽研究写长法在高职英语写作教学中的应用。程俊歌、袁冰、代冰冰、周玲等学者以初中生为研究对象在英语教学过程中应用写长法。另外，学者周言、牛慧卓以高中生为研究对象，学者张怀兮以研究生为研究对象证实了写长法的有效性。

在研究内容方面，写长法的理论性研究层出不穷，与写作教学相结合的研究也不断涌现。随着写长法的逐步成熟，许多教师和外语学者开始研究写长法的应用，有研究运用该方法探究写作焦虑的，有用该方法探究英语学习动机和自主学习的，也有将该方法应用于口语教学和词汇教学等相关领域的。如学者朱天鹰通过实验研究发现写长法对提升初中生英语写作效率有很好的推动作用；学者孙选选以高中生为研究对象发现写长法对学生写作自我效能感有很大影响，尤其是对自我效能感较低的学生来说。学者项子芯对写长法的教学理念、操作步骤以及对二语习得及教学的促进方面进行了总结，并综述写长法的不足之处。学者陈凤芝、王璐瑶对英语教学中写长法的研究进行了回顾，分析了写长法的相关研究，并总结出写长法研究所取得的成就。学者张怀兮通过合理安排实验步骤发现，在应用写长法进行口语教学后，学生的口语成绩有显著提升。学者牛慧卓通过切实可行的研究证实写长法应在词汇教学中能提升学生的词汇产出能力。

何自然教授提出了关于写长法的逆向思维观点，他认为利用写长法来进行写作教学，是基于逆向思维观点进行英语教学的体现之一。传统英语写作教学的观点认为，英语写作学习不论是语法还是单词、句型等都不能出现错误，出现错误就是没掌握好学习内容的体现，因此很多学生出现了畏惧错误、不敢下笔写的情况，对英语考试也是十分抗拒和恐惧的。英语教师在教学过程中基于传统的教学观点，强调英语教学过程中语言输出的准确性，对学生出现的错误也会及时进行纠正，并且在纠正后不允许学生再次出现同样的错误。对于重复出现的错误，不论是教师还是家长，都会对学生采取更加严厉的惩罚。长此以往，学生出现了一系列的心理障碍，提到英语或者英语考试会"谈虎色变"。而写长法反其道而行之，针对学生在写作任务过程中所遇到的失误或者错误，不过分强调纠正，而是提倡鼓励，让学生多写、大胆写、放开写。运用这种开放的方式，让学生多练习、多输出，消除他们对错误的恐惧感，让他们敢于学、想去学、有主动探索的勇气、形成英语学习期待、以积极的二语学习态度获得二语学习的成功。何自然教授同样也证明了写长法对英语教学具有很大的指导作用，是逆向思维学习和教学的良好开端，一反因循守旧的传统教学模式，从多视角为英语教学提供新的教学理念，为我国英语教学的改革做出了巨大贡献。

学者钟书能从建构主义的角度分析了写长法，他认为，写长法是一种行之有效地解决学习者学习英语的情感和情意问题的方法，也是一种非常有效地合理释放他们学习情感和态度的方式。这种释放写作情感的方式会影响到学生的学习动机，甚至是激发新的学习动机，增强学生的学习信念。一般意义上的建构主义教学观是教师去主动创建写作任务，并且学生是知识的被动接受者，写作课的教学内容大多被机械"输入"进学生的脑海中。写长法会与传统写作教学方式不同，把学生摆在学习的主体地位，让他们做自己学习过程的主导者，使教师来创造情境，逐步构建起他们的知识体系。

综上所述，"写长法"在长久以来的实践研究中经过不断的实践验证和研究，形成一套行之有效的英语写作教学方法，并且能够在写作教学中取得很好的教学效果。

二、写长法在写作教学中的应用

（一）写长法的教学设计

写长法的最终目的是通过满足学生的情感需求来提高学生的写作水平和学习能力。

①教师设计写作任务。在设计任务时，教师必须根据学生的学习特点和兴趣设计有吸引力、有趣的活动。此外，还要注意任务的多样化。

②每周要求学生写一篇没有篇幅限制的作文。在写作过程中，学生尽可能多写，表达自己的观点。

③教师每周挑选一、两篇优秀作文，带领学生在课堂上进行评价和分析。通过分析范文，学生可以认识到自己的弱点然后积极学习别人的优秀表达。

④教师注重发现学生文章的优点，而不是矫枉过正。同时，教师标注文中好词好句以及写作亮点。正面反馈满足学生的情感需求可以降低学生的写作焦虑。

⑤教师将一些写作的具体规则和技巧教给学生。在大量训练的基础上，学生更容易理解这些写作规则和技巧。

⑥采用百分制评分原则。写作长度占分数的40%，写作结构、写作思路和语言表达各占20%。因此，不难看出文章篇幅对文章分数起着重要作用，文章篇幅越长，学生的分数越高。当然，文章的长度要求取决于学生目前的能力。

（二）写长法对英语写作的益处

第一，写长法有助于消除或者减少学生的写作焦虑和压力，并且激发他们的写作兴趣。写作测试和写作焦虑的调查研究表明：经过写长法训练后，学生的写作焦虑明显减少，整体的英语写作水平有了很大的提升。写长法调动了学生的主观写作热情，为学生提供了一个展示自己的平台，拓宽了学生的能力范围，从而使学生产生学习成就感。对于学生来说，他们被写长法所吸引，接受长作文，最终创造出自己的作品。在英语教学中，实行小组合作模式可以帮助学生建立和谐良好的人际关系、营造健康的心理氛围，使学生把写作看成一个集思广益的过程，让学生通过了解他人的写作思路、扩展自己的思路和眼界、勇敢参与到与他人的互动中去，让学生在团队协作中找到自信、消除不安感。在教学中，很多学生在回答问题时存在放不开、不敢说的情况，但是在小组合作中，他们和同学一起，更愿意说出自己的看法。从学生的英语水平测试的成绩来看，写长法不仅提高了他们的写作成绩，还提高了他们的听力、阅读能力，让他们的英语整体水平都更上一层楼。

第二，写长法有助于学生英语写作水平的提高。写长法为学生提供了一个放飞自我思路的平台，让写作不是枯燥地写，而是一种想象力的呈现。"知之者不如好之者，好之者不如乐之者。"喜欢英语写作，并且以此为乐，爱上写作，学生的写作成绩就会自然而然地提高了。教师从长度、内容、结构、表达四个方面评价学生的写作水平，学生在这四个方面都有所提高，说明他们的写作从表达至语法都有所改善，他们的英语写作能力越来越强。

第三，写长法能够以写促学，全方位提高学生的英语学习能力。首先，学生的英语基础参差不齐，有的基础很差的学生可能只能写出来一、两行的作文，从阅卷教师的感官上看，卷面是不符合要求的。写长法会给学生的作文卷面整体带来良好的感官效果。其次，写长法更有利于学生抒发自己的情感，他们的情感通过不断输出形成自己的观点和看法，升华了文章的主体，提高了文章的档次，使得文章更加具有感染力，让文章的层次更加鲜明，这些看法和想法都会是他们成绩的加分项。再次，很多学生表示，写长法可以锻炼他们的语感，因为写长法是一个延长思路的过程。俗话说英语就是一个多学多练的过程，在反复的操练中，学生的语法句型和词汇量都会得到锻炼。比如，很多学生在写句子的时候会犯一些基础的语法错误，他们常常会把"How old is you sister？"写成"How old are you sister？"所以他们还是缺乏一定的语感。英语语法、句型和单词固然重要，但语感也是学好英语不可或缺的能力。不管是在单选还是连词成句中，学生都需要掌握一定的语感。写长法正是因为提高了学生的语感能力，所以也提高了学生解答其他卷面问题的能力。

第五节 任务教学法

一、任务教学法概述

（一）任务教学法的含义

苏联心理学家维果茨基在语言学习理论的基础上创建了基于任务的教学方法。不同的研究者在"任务教学法"中对"任务"的定义有不同的看法。任务教学法自诞生至今也不过几十年的历史，但其发展非常迅速。任务教学法的研究始于20世纪80年代，普遍观点认为，印度的珀拉胡（Prabhu，N.S.）是研究任务教学法的第一人。他通过实验，提出把学习内容分解为若干个任务，让学习者在完成任务的过程中进行学习，为此他提出了一系列观点，被认为是任务教学法的雏形。此后，学者坎德林（Candlian）和布瑞恩（Breen）改进了珀拉胡的理论，他们给教师提出了更艰巨的任务，即要求教师为学生提供可供选择的活动和任务，可见他们更重视用任务教学法设计课程。再后，英国语言学家威利斯（D.Willis）、伦敦大学名誉研究员彼得·斯基汉（Peter Skehan）不断完善任务教学法，使其逐渐发展成为一种方法理论体系。任务教学法就是通过引导语言学习者在课堂上完成任务来进行教学的，该教学法着重于发展学习者的沟通能力。在任务实施的过程中，学习者通过参与、互动、交流、合作等方式，充分发挥自身的认知能力，调动已有的目的语资源，在"做"中学、"用"中学。

（二）任务教学法的基本原则

任务教学法的主要任务是发展学习者的语言能力，提高他们在实际生活中的语言综合运用能力，通过任务激活学习者的学习热情和学习主动性。教师在设计任务时要遵循一些基本原则，创设科学的、合理的、有效的任务。只有这样，任务教学法的实施最终才能达到预期的教学效果。

1.真实性原则

真实性就是教师将真实的材料引入学习中，让学习者能在最接近实际生活的环境中去交际。真实性原则要求课堂上的任务应该是接近现实生活的各类活动，即设计的任务是现实生活中真实存在的，这样学习者在运用语言时才能真切感受、有的放矢。

2.连贯性原则

在现代英语教学中，教学任务是具有连贯性的，任务之间是相互衔接的。教师根据教学内容和教学时段制订具体的教学任务，使后一个任务是前一个任务的延伸，让二者具有统一的目的和主题。同时，学习者的语言输入也要注意连贯性。为了让学习者在任务与任务间的语言输入具有连贯性，教师就需要在设计任务时，让任务的场景具有高度的相似性或者连续性，使学习者在前一个任务中习得的语言能力，会在接下来的新的任务中得到巩固，在新任务中又开始习得新的语言，这样学习者每一个任务的完成都是温故知新的过程，不断提高他们的语言流利程度。

3.实用性原则

学习者学习知识的目的就是在实际生活中应用，所以课上的学习要为课后的运用打下良好基础，这就要求课上的任务设计需要和实际生活有所联系，保证教学任务的完成。任务教学法的实用性，还体现在任务设计的形式和完成效果上，教师要考虑难易程度，避免设计那些远离生活或不切实际的任务。

4.可操作性原则

可操作性是指在课堂任务的设计中，教师应该考虑任务在课堂实践中的可操作程度，尽量避免过多的复杂环节。教师要为学习者提供任务的操作模式，设置与学习者学习水平相一致的任务，让学习者花费尽量少的时间和精力去完成课堂任务，以调动学习者的积极性和学习热情，避免让学习者产生畏难、厌学等情绪。教师在设计任务时如果让任务的难度超过学习者目前的水平，不仅增加了学习者学习的困难，还加重了自己的教学任务。因此，教师要充分考虑学习者的学习水平、能力水平、性格特点等，合理安排任务，在适当的情况下提供学习方法和资料，使学习者能边学边做。

任务教学是一种很理想的教学，即学习者通过大量的语言输入和语言输出及其真实的语言使用，实现学习和掌握语言的目的，它可以激发学习者的学习动机和学习主动性。语言的输入与输出过程都是通过完成任务来实现的，这实际上给教师和学习者都提出了比较高的要求，教师要依据上述诸原则合理布置任务，学习者要掌握大量、丰富的内容足够其完成语言输入与输出的任务。

(三) 任务教学法的教学模式

近年来，任务教学模式成为教育工作者不断探索的领域。如印度语言学家珀拉胡模式、英国语言学家威利斯模式、著名应用语言学家斯基汉模式、新西兰英语教育学专家埃利斯模式等。在这些任务教学模式中，较多使用并被广泛认可的是威利斯的任务教学模式和艾利斯的任务教学模式。

1.威利斯的任务教学模式

英国语言学家威利斯的任务教学模式将任务教学过程设计为三个阶段，即前任务阶段、任务环阶段、语言聚焦阶段。前任务阶段的目的是让学习者根据教师的要求做好任务的准备工作，调动已有资源，减轻认知压力。任务环阶段是学习者语言习得的关键阶段，也是任务的计划及完成阶段，在这个阶段，教师让学习者对任务有了初步认识。语言聚焦阶段是一堂课的收尾阶段，其目的是引导学习者认识相关语言形式，对任务结果进行总结分析，提供重复执行任务的机会。三个阶段相互配合，旨在帮助学习者顺利完成任务。威利斯的任务教学模式如图4-1所示。

前任务：介绍阶段 → 任务环：任务、计划 → 语言聚焦：分析、训练

图4-1 威利斯的任务教学模式

2.艾利斯的任务教学模式

新西兰英语教育学专家罗得·艾利斯（Rod Ellis）在2003年提出的任务教学模式，将任务教学过程也分为三个阶段，即任务前阶段、任务中阶段、任务后阶段。艾利斯认为，任务前阶段主要是教师对任务进行介绍以及做前期的准备，在此阶段教师要考虑学习者的具体情况，充分激活学习者脑中已有的背景知识和语言知识，同时提供相关合适的模板供其有效开展工作。在任务前阶段教师需注意两点：任务的目标要明确，让学习者更清晰地开展任务；根据任务的难易程度合理分配时间。任务中阶段是整个任务教学的中心环节。在任务中阶段，教师将学习者按照具体任务的要求分成小组，学习者在组内完成相对应的任务，在活动过程中，教师要不断巡视，同时要注意开展活动的时间限制，可以选择在课堂上布置任务，也可以提前一周或者一节课布置任务，并在合理安排时间限制的同时，适当为学习者提供相应的帮助。在任务后阶段，学习者

通过重复任务、小组报告与反思等方式加强对语言形式的认识。艾利斯的任务教学模式如表4-1所示。

表4-1 艾利斯的任务教学模式

任务阶段	教师任务	学生任务	教学活动举例
任务前	介绍、引入	倾听要求、做记录	头脑风暴、词汇补充、语法讲解、任务示范
任务中	监督、帮助	分工讨论、完成任务	各类教学活动
任务后	评价、总结、归纳	展示任务、总结经验、学习必要知识点	评价重要语言点、讲解必要练习题

二、任务教学法的写作步骤

（一）写前任务阶段

在写作前的任务中，教师应根据英语写作的要求和学习需要，提供具有叙述性、描述性、论证性、抽象性等具体含义和目的的写作主题和任务给学生。不同的任务有不同的含义，可以为学生提供不同的语言形式，塑造不同的背景，为学生提供使用正确语言的机会。因此，在选择任务后，教师应该强调任务的重要性，并提供一些实际的例子；学生应该简单地分析其语言形式和结构。

（二）合作写作阶段

合作写作阶段实际上是生生之间、师生之间的合作阶段。在这个阶段，学生必须按照第一阶段的例文和教师的要求，在规定的时间内完成初稿。此外，教师应先把班级分成小组，引导学生采用不同的写作策略围绕某一任务或主题进行构思。另外，学生建立一个写作结构，为特定主题描绘和勾画提纲。在协作写作过程中，学生可以共同分工，也可以共同合作完成写作工作，但无论采取何种方式，目的都是获取组员对特定体裁的思想精髓。在这个阶段，教师扮演观察员、监督员和助理的角色，根据实际情况调整角色，与同学及时沟通，为学生提供及时和必要的帮助。

（三）修改编辑阶段

在初稿完成后，每个小组选择一名代表展示他们的写作成果。在展示的时候，学生应该注意语言的形式，特别是写作语言的流畅性和准确性。此时，教师应充当听众、导师和分析师。首先，教师应分析学生的文章，并提出文章评价的标准。然后，根据这些评价标准，评估学生的文章。经过相互评估、小组审查并修改第一稿以完成第二稿。这样的变化不仅可以提高学生的判断力，还可以让他们站在读者的位置思考文章，以提高读者的阅读意识、欣赏与审美水平。

第五章　英语写作的课程设计

英语写作教学经历了从传统课堂的一本书、一支粉笔，到多媒体教学，再到科技化、信息化的翻转课堂的转变。课程设计的终极目标还是培养学生的思辨能力，切实提升他们的写作能力。本章分为英语写作课程设计的理论基础、英语写作课程教学目标的重新定位、英语写作课程设计示例、英语写作课程的评价与反馈四部分，主要包括产出导向法、写作课程教学内容的重新调整、英语写作课程评价等方面。

第一节　英语写作课程设计的理论基础

一、具身认知理论

德国哲学家海德格尔（Heidegger）认为，由物体、身体和环境三者组成的知觉场是对应知识形成的必要场所。而知识是认知主体基于原有的知识（经验）在对应环境中与认知对象进行有效的相互作用而逐步构建形成的。

在具身认知的学习观中，学习是一个动态平衡的过程，需促使身体与认知对象及所处环境发生有效互动。其中身体、所处环境均对学习的发生起到重要作用。在具身认知的教学观下，提高学习质量需要更多身体感官的参与，让学习者身心统一在学习行为中，使学习者进行与学习有关的活动，如实践活动；同时，需配以与学习内容相对应的环境，使学习者更容易与认知对象产生有效互动，从而促使新知识的形成。这种设计沉浸式学习环境、增强学生参与感的思路虽在课程设计时常被提及，但从根本上理解感官统一、身心统一、环境协调的课程设计思路可帮助学生利用原有知识合成新知识。

将具身认知理论应用到英语写作教学中可得知，知觉场的构建就是使学生从生理和心理上都参与到英语写作的学习中来。英语写作的教学过程强调学生的主体性。因此在写作课程和课程体系的设计上，需要加强学生的感官参与，调动学生投入课程学习，并营造有利于学生与相关知识技能进行有效互动的学习氛围。

二、输入假说

美国语言教育家克拉申在二语习得领域享有盛名，他的二语习得理论主要由五个核心假说组成，即自然顺序假说、情感过滤假说、输入假说、监控假说以及习得与学习假说，其中占据中心地位的便是输入假说。语言习得依赖于周围环境存在的信息，学习者应该把注意力集中在语言的含义上，而不是语言形式上。例如，当学习者听到一个有意义的演讲，并通过自身的努力理解它时，那么这个过程中就会产生习得。这个学习者如果在该过程中拘泥于语言形式，那么他的习得就是失败的。输入假说试图解释学习者习得语言的过程。克拉申认为，为学习者提供的语言输入要包含学习者下一阶段所掌握的语言结构，或者说略高于学习者现有的能力水平，这样学习者在习得过程中可以循序渐进。假设学习者现有的能力水平为"i"，那么为学习者下一阶段提供的语言输入能力水平则为"i+1"，这其实就是一种"可理解输入"。可理解输入并不是由学习者控制的，而是由提供语言输入者控制的。"i+1"的能力水平并不是固定的，当学习者达到"i+1"的能力水平后，那么一个新的"i+1"能力水平就出现了，这是一个不断发展的过程。

克拉申的输入假说有四个重要因素：第一，输入应该是可理解的。只有学习者理解了语言输入，其语言习得机制才会起作用，输入才会被理解和产出。不能被理解的语言输入其实是一种噪音，这也就解释了为什么仅仅依靠在收音机中收听二语内容就能产生二语习得在实际生活中是几乎不可能发生的。第二，输入应该具有趣味性或相关性。学习者学习二语的目的是交际，所以语言输入应该关注语言包含的信息和含义，而不是语言形式，甚至可以说，当输入具有足够趣味性和关联性之后，学习者甚至会忘记接收的信息是由二语传达的，机械性练习和死记硬背的对话是难以引起学习者的学习兴趣的。第三，输入不应该按照语法顺序排列。"i+1"的输入是一个自然的过程，严格按照语法顺序的输入阻碍了可理解输入的进程，也损害了交际目的。第四，输入应该有充足的量。输入的量不应该有人为限制，且要为学习者提供足够的学习内容。

读后续写正是体现输入假说的英语促学作用。读后续写中的"读"为学习者提供了"可理解输入",学习者在阅读材料语篇的过程中对词、句、短语等产生了理解,在理解语篇输入的过程中也进行了思维上的训练。同时,读后续写的教学过程也可以富有趣味性或是和学生的实际生活相关联,避免了机械练习带来的弊端,从而推动了语言习得思维的发展,也促进了包括批判性思维能力在内的思维品质的发展。

三、输出假说

克拉申输入假说的提出引起了许多二语习得研究者的讨论与争议,其中最大争议部分在于输入假说的不稳定性。据此,加拿大教育家斯维因针对克拉申的输入假说提出了"输出假说"。斯维因强调,可理解输入在语言习得中或许很重要,但并不能说是语言习得中最重要的部分。斯维因通过研究比较了法语浸入式学习学生和母语学生的语言能力指出,尽管法语浸入式学习学生接受了多年的目标语可理解输入,其语言能力较母语学生仍有所差距。输出为二语习得者提供了协调使用语言资源的机会,二语习得者可以通过语言的准确输出提高自己的语言整体水平。同时,输出也可以促进学习者在关注语言含义的基础上关注语言表达的方式。斯维因并不否定输入假说,认为可理解输出是在二语习得中独立于可理解输入的另一项重要机理。斯维因认为,输出假说具有三大功能:

第一,注意功能。斯维因认为,输出是一种触发机制,也就是说,在学习者进行语言产出时,他们会意识到中介语存在的语言问题并且意识到自己需要了解这部分缺乏的知识。因此,目标语的产出会使学习者更加注意相关联的输入和产出的语言特征,从而更有效地传达意图。这个过程会触发学习者的认知过程,产生学习者未掌握的语言知识或协调学习者现有的语言知识。

第二,假设检验功能。学习者在学习目标语的过程中通常会产生多种多样的假设,为了检验这些假设是否有效,学习者需要试验语言的形式和结构,也就是输出。通过输出,学习者可以通过外部反馈获得检验假设的有效信息,并据此修改其输出。这个修改的过程不仅发展了学习者的二语习得,也促进了其语言能力的提高。

第三,元语言功能,或者是有意识反馈功能。这一功能是指在某些任务条件下,学习者不仅根据自己的假设产生输出,同时也会使学习者清楚地反思语言使用情况。斯维因指出,当学习者思考与反省自己如何使用目标语时,他们的输出会产生一种元认知功能，使学习者能够把控和消化语言知识。也就是说，关于语言的显性知识有利于学习者的语言发展。

输出假说也是对读后续写的理论支撑。阅读语篇是一种触发机制，激发了学生表达语言的动机，也为学生提供了理解和使用语言的情境。续写部分则为学生提供了可理解语言输出的机会，学生在续写输出中可以不断对原文进行回读，对产出语言进行检验和反思，进行思维能力训练，提高语言使用的正确率。学生也通过续写与原文的对比注意到自己语言水平与原文语言水平的差距，在续写过程中不断拉平和弥合差距。在写作输出的过程中，提高英语学习和运用能力的同时，促进了包括批判性思维能力在内的思维品质的发展。

四、产出导向法

为解决教学过程中学生所学知识无法准确地应用于实践以及教师过多地关注教材等问题，产出导向法提出了"学用一体说"的教学理念。产出导向法强调输入性学习与产出性运用不能存在明显的时间间隔，需要将两者密切联结起来。因此，教师在进行课堂教学时，不仅要让学生获得知识，还要让知识成为一种手段，让其为学生用英语完成产出任务提供服务。

产出导向法认为，语言教育面对的主体是人。教育不仅要促进学生智力的发展，同时还要关注学生情感和道德等层面的发展，这样才会促进人的全面发展。具体来说，英语课程要同时实现工具性目标和人文性目标。工具性目标是指学生要掌握英语这个工具，具备运用英语的能力。人文性目标指的是英语课程要提升学生的人文素养，帮助他们形成正确的"三观"。为实现人文性目标，教师可采用下列三种手段：首先要选择学生感兴趣的任务产出话题，其次要选择出符合学生实际水平的可理解性输入材料，最后要选择丰富多样的教学活动形式。

产出导向法的教学假设有三种：一是输出驱动假设，二是输入促成假设，三是选择性学习。输出驱动假设认为，产出不仅可以驱动学生进行语言学习，同时也是学生语言学习的目标。教师如果在教学中能将教学起点设定为产出性任务，这不仅有利于提高学生文化修养、帮助学生完成任务，同时还可以让学生认识到自己的不足，激发其学习兴趣和热情，推进他们的输入性学习。输入促成假设认为，以输出驱动为前提，学生如果能适时接受恰当的输入，他们的学习效果会更理想。换句话说，在学生进行互动交流时，教师如果能够给学生提供合适的输入材料，则可以有效拓宽学生知识面，将其产出水平推向一个新高度。选择性学习假设指的是在教师提供给学生输入材料后，学生根据产出的需要，挑选出自己学习所需要的输入材料，对其进行深度加工、练习和记忆。该假设认为，学生在此阶段可以因人而异地进行选择性学习，这比非选择性学习更能优化学习效果。

五、合作学习理论

美国明尼苏达大学合作学习中心的约翰逊兄弟（David W. Johson和Roger T. Johnson）认为，"合作学习"就是在教学中运用小组模式，使学生进行合作活动来促进他们本身以及他人的学习。他们鼓励教师将小组合作形式应用于教学中，并在此过程中鼓励学生积极交流，不仅强调了个人责任，同时还指出了小组成员之间必须互相依赖、互相帮助、发挥小组的协作精神，其主要目的是促进学生共同发展。约翰逊兄弟提出合作学习由下列五个要素构成：

①积极的相互依赖。学生在学习过程中要依赖小组合作形式，发挥合作精神，将自主学习与合作学习有机结合。

②面对面的相互促进。在进行合作学习时，为实现教学目标和学生共同发展，组内成员需要互相帮助，一起完成课程任务。

③个人责任。在小组合作时，教师要对任务进行划分，每位成员需要各司其职，完成自己的任务。

④社交技能。学生要掌握一定的社交技能，在合作时积极沟通，保证合作的有效性。

⑤小组评价。小组成员需要对本组活动的完成情况进行定期评价和反思，并能及时调整策略，以此来提高合作学习的效率。

六、交互式教学

网络平台的交互教学已经渐渐成为一种常态。学者蔡宪认为，在传播学中，"交互"是传播者与接受者两者间的信息双向交流，不同的教学形式会有不同的"交互"表现和特征。但共同的目标都是通过"交互"激起学生的学习兴趣，激发和保持学生学习的主观能动性。教学交互的核心是学生，根据学生的需要，教师不断调整教学交互形式，通过各种有效交流满足学生的学习需求。

在网络教学中，"人—机—人"的交互是主要的教学交互形式，包括了师生、生生以及学生与学习资源之间的交互。而微信平台作为一个教学交互辅助工具，可以促进师生、生生以及教学资源之间的持续交互，并增强了交互空间的开放性。因为在利用微信平台辅助的个别教学中，学生可以随时学习英语，随时和教师进行交流，教师能根据学生的具体情况给予有效而具体的反馈。在传统的课堂教学中，教师无法做到这种反馈。因此，个别教学能使交互式教学的优点更突出。在微信平台中，两名学生可以进行生生互动学习，学生和教师也能进行师生互动交流，如他们在微信群聊和私聊中使用的语音功能、录音功能都可以实现互动交流，也可以随时和反复使用交流资源。

第二节　英语写作课程教学目标的重新定位

英语写作课课程目标的重新定位已成为一项十分迫切的任务。作为专业英语的一个主干课程，它对学生的英语学习具有举足轻重的作用和影响力，因而在培养合乎社会需求的英语人才方面也就负有直接、重大的责任。课程目标的制定应当兼顾现实性和前瞻性，应当兼顾专业基础知识、实用写作技能、构成学生强大竞争力的重要素质和能力等的综合培养。

通常在英语写作课的教学实践中，课程目标的制定常常基于以下一些认识：英语语法和写作基础理论是学生必须掌握的重要知识；教学的重点在于通过范文学习和仿写向学生传授这些永恒不变的"真理"。这样的教学实践或许能培养学生的抽象解决问题能力，但忽略了个人、社会与环境等因素在学生专业学习中的作用，忽略了如何培养学生的实用专业技能，尤其是从事初步调查研究（如选题、搜集证据材料、寻找研究路线、科学论证等）的能力。

一、学生角色的重新定位

当今，英语写作课的对象具有自己明显的群体性特征。他们生活在文明程度日益提高、信息技术日新月异的现代社会中，具有前辈人无可比拟的优势和资源。他们思想开放、思维活跃，有很多了解或获取知识的手段和途径；他们具有相当的知识积累、智力水平和独立思考能力。因此英语写作教学要重新定位学生的角色。

（一）学生拥有的权利

基于以上看法，学生应受到教师的平等相待和尊重，教师也应当赋予学生相应的权利。

①公平对待的权利。教师应对所有的学生一视同仁，给他们相同的机会，用同样的尺度公正地评估学生在整个写作过程中（写前准备、课堂活动、写作练习）的表现和成绩。

②言论自由的权利。教师应在保持课堂纪律和执行教学计划的前提下，充分尊重学生言论自由的权利，组织学生就一些他们感兴趣的话题，尤其是与他们切身利益相关的、典型的个人问题或难题（如大学生中的同居现象）展开讨论和辩论。

③个人隐私的权利。学生有可能会在文章中表达一些个人化的观点和经历。凡是学生本人不愿让他人了解的个人信息，诸如家庭背景、恋爱经历、反叛性的观点等，教师都应进行有效的保护，应避免以任何方式（如习作评讲）透露给他人。教师想要从英语写作课教学中探索英语素质教育改革的办法和途径，就必须面对处在变化中的学生，转变对学生一成不变的认知，努力在教学中摒弃"重说教、重灌输"的方式。

（二）学生应具备的能力

1. 创新意识

学生之所以对英语写作课产生厌倦情绪，很多情况下是因为他们在无关痛痒的文章题目、重复的文章内容、机械呆板的语言表达中难以体会到创造给人带来的乐趣。在英语写作课中培养学生的创新意识，就是要鼓励每个学生充分发挥其创造力，敢于提出个人的思想和观点，大胆展现个人学识修养和独特魅力。

2. 进取精神

相当多的学生为等级考试所累，把平时的写作训练当作模拟考试来对待，不愿在文章中探讨有难度、有深度的话题，不愿就有争议的问题发表自己与众不同的看法，甚至不愿尝试使用丰富多彩的词汇、表达方法、句法等。课堂活动和写作练习的目的之一，应是帮助学生确立一个更高的学习目标，鼓励学生拓宽视野，让学生具有一点冒险精神、敢于大胆尝试、不怕失败，使学生在活生生的语言实践、现实问题的讨论和实用写作技能的训练中不断进取。

3. 实证精神

大学生肩负历史重任，在学习如何对有重要意义的社会和个人问题提出解决方法的过程中，应对文章题目涉及的相关方面做细致的调查研究，掌握初步的研究方法，并逐步培养起一种严谨的学习和工作作风：重逻辑、摆证据、

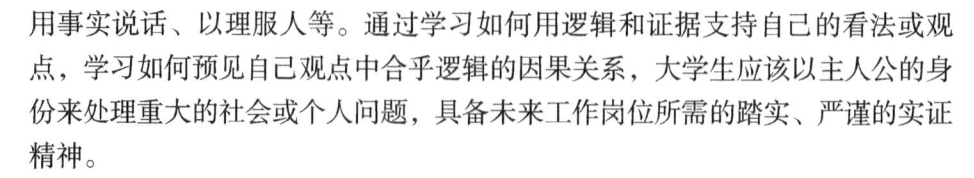

用事实说话、以理服人等。通过学习如何用逻辑和证据支持自己的看法或观点，学习如何预见自己观点中合乎逻辑的因果关系，大学生应该以主人公的身份来处理重大的社会或个人问题，具备未来工作岗位所需的踏实、严谨的实证精神。

4.思辨能力

由于社会现象日趋复杂，校园也不再是风平浪静的小世界，许多问题，包括国际形势、民族文化、社会和个人问题等都在考验学生对真假、善恶、是非、美丑、利弊等的判断能力。倘若学生能够在课前做一定的调查研究，继而在课堂上与同学和老师充分讨论，并在文章中条理清晰地阐明自己的观点和理由，那么，学生的思辨能力就一定能得到最大限度的提升。学生往往能通过紧张有序的课堂辩论，从同学那里全面了解一个问题的具体情况，搜集到更多的信息材料，采众人之所长，印证或修正自己对一个问题的印象、态度、立场和观点，明辨事实真相、是非曲直，从而制定出解决问题的方案。而具体的文章写作练习，则能为学生有理有据地、准确地阐述自己对某个问题的看法并提出解决问题的对策提供一个充分展现思想的空间。

5.独立解决重大问题的能力

学生终将成为社会生活中独立行为的个体。毕业后，他们能否在自己的岗位上承担起分内的工作职责、独立解决所遇到的困难、高效率地完成工作任务，已成为英语写作教学中不可回避的问题。教师要想培养学生独立解决重大问题的能力，就要允许他们针对各种难题参与各项决策活动，明确每个学生在整个写作过程中（尤其是调查研究、课堂辩论中）的任务、作用，并赋予他们相应的权利。尤其是要使他们在问题解决式的教学活动和写作练习中积累必要的（即使是初步的）经验，在"协同作战"中培养学生"单兵作战"的能力。

二、写作课程教学内容的重新调整

在常见的英语写作教学中，学生是教师传授知识的对象。学生不仅要系统地学习英语写作的基本概念、发展观点的方法，还要掌握语法知识以及书写规范和标点符号的正确用法等。由于各种等级考试的存在，学生不得不重复学习这些内容。一方面，范文是学生仿写的样板，所以范文的分析在教学中占据了相当大的比重。在写作教学中，学生模仿范文进行写作练习，而其自主写作多是在课后完成的。由于缺乏及时的反馈，学生通过课后自主写作完成的文章基本上未经修改就交到教师手中。教师返回的批改过的文章上通常包括勾画出来的各种类型的语法错误、修改意见和文后评语。在接下来的文章讲评中，教师往往会挑出一两篇优秀的文章进行评析。学生在英语写作课上感受如何？是否具有用英语写作的动力？烦琐、醒目的红批在多大程度上能帮助学生提高写作水平？学生能否从英语写作课中获得自己将来需要具备的能力和素质？所有这些问题似乎都不同程度地被忽视了。另一方面，教学内容在不同学习阶段存在低层次重复问题，缺乏认知必需的"螺旋式上升"态势。加之教材内容陈旧、与时代发展严重脱节，客观上也造成了教学课堂的枯燥。然而，当代大学生作为有思想的、成长中的人才，已经不但对教育者习以为常的学生角色定位形成了冲击，而且在很大程度上也对英语写作课教学内容的调整和改革提出更为急切的要求。

为使学生更好地胜任未来的工作岗位，英语写作课的教学内容应围绕两个大的目标来进行设计：其一，培养学生的创新意识、进取精神、实证精神、思辨能力、独立解决重大问题的能力；其二，使学生在不同年级阶段均能呈现出智力水平和语言能力的"螺旋式上升"态势。为此，大学低年级英语写作课的教学内容可侧重记叙文、说明文、描写文、摘要及应用文（如通知、便条、私人信函等）的写作，并在其中贯穿基本的写作技巧和规范。大学高年级英语写作课应把议论文、读后感、调研报告、应用文写作中的事务信函（求职、入学申请等）、毕业论文纳入教学内容，在更高的层次上突出学生就业、创业所需的能力素质。

不论在哪个年级阶段，教学内容都要切合学生的能力水平和实际需要，都要最大限度地鼓励全体学生积极参与到各项活动当中（如拟定作文题目、承担教学活动中的任务和角色、完成作文任务等），并真正从这些教学内容中受益。贴近学生关注的话题，布置具有挑战性的写作任务对激发学生的写作兴趣是十分必要的。但这样就势必会触及以往教学内容中的"禁区"，如迷信、赌博、作弊、代考、同居等话题。但这些话题正是学生在成长过程中无法一跃而过的现实问题。明确学生需要直面这些问题，相信他们具有探讨这些问题的心智水平，引导他们以客观、全面、理性的态度看待这些问题，制定解决问题的方案，甚至尝试在教学双方的能力范围内真正解决一些问题。这些做法正是把英语写作教学引向深层次的有益尝试。范文的选择既要利于学生学习具体的文章展开技巧，还要为探讨相关话题提供必要的背景材料、术语和表达方法以及具有代表性的立场、观点和看法。教师对范文的讲解应区别于精读课的讲授方法，应侧重文章作者的观点是什么，作者选用了哪一种（或几种）方法对其观点进行展开和支撑，展开方法的选用是否得当，支撑是否充分，观点布局是否合理，逻辑层次是否清晰，关键的词汇手段和句法手段是否有效地配合了文章内容的需要等。从文化适应模式的角度来看，对范文进行这样的讲解，可以更好地帮助学生在学习一门外语的同时学习并适应一种外国文化。

当然，母语对学生用英语写作的思维是有影响的。如果能在范文讲解中注重英语文章的结构分析，从理论上分析英语和汉语文章结构的不同；而且，如果能再进一步用学生的文章做范文，分析其文章结构、观点布局、证据材料、语言表达等的成功与不足之处，那么范文的讲解就会产生更强的示范效应。

第三节　英语写作课程设计示例

无论基于怎样的理论基础，采取何种英语写作教学法，写作课堂教学的步骤并不神秘，脱离不了写前、写作、评价与反馈这几个基本阶段。每个阶段强调的重点可以不同，过程可以循环反复。英语写作课程的设计总体分为写前、写作教学和写作过程、写后三个大的阶段。在此参考以下写作教案的内容与要求阐述英语写作课程的设计。

写作教学内容是篇章写作，体裁是说明文，教学时间是写作课程的第二学期。教学课时和具体内容如下：

教学内容：通过过程分析展开写作课程设计。

教学课时：2课时（90分钟）

教学方式：网络资源运用+多媒体授课+师生互动+过程写作+同伴反馈+教师反馈

教学目标：

①掌握过程分析类说明文的写作方法和技巧；

②把过程分析写作技巧熟练运用于各种步骤、方法、流程类说明文体；

③完成一篇说明文（用过程分析法）；

④对同伴作文进行评改和反馈；

⑤了解折叠纸鹤的步骤，以及成功完成折纸。

教学重点：过程分析类说明文的写作方法和技巧。

一、写前

教师在写作课前，提前两天通过班级QQ群发给学生"如何折叠纸鹤"的视频。要求学生观看视频后，把折纸鹤的大概步骤用英语写出来，对词数和语言准确度等不做要求。观看视频后，鼓励学生以小组形式进行讨论和分析，确定步骤。最后以小组为单位写一份纸鹤折叠的大致流程。对预写过程中不熟悉的专业词汇或表达，鼓励学生查询字典或使用语料库。

二、写作教学和写作过程

在写作课堂中，教师用一个课时（45分钟）的时间讲解过程分析类说明文的定义、写作方法、写作技巧、范文示例、注意事项等。教学内容大纲如下：

①What is process analysis?
②How to develop an exposition by process analysis?
③Exposition by process analysis-tips.
④Exposition by process analysis-things to remember.
⑤Exposition by process analysis-example.
⑥Exposition by process analysis-practice.
⑦Exposition by process analysis-assignment.

第二个课时进入写作过程。在这个过程中师生、生生进行充分互动，通过课堂讨论、问答等交互方式共同完成写作。具体步骤如下：

①教师先请学生拿出课前观看视频后写出的纸鹤折叠过程英文稿，问学生问题：Is this a directional process analysis, or an informational process analysis?（这是定向过程分析，还是信息过程分析？）请几位学生回答。如果有不同意见，让学生进行讨论后，教师给出答案：A directional process analysis（定向过程分析）。

②教师选择几组学生的预写文章在班级分享，问：Can we make an origami crane following this/that process?（我们可以按照这个过程折纸鹤吗？）因为只要求学生写出大概的而不是详细的纸鹤折叠步骤，学生大多只给出5—6个步骤。所以除了原来会叠的同学外，按照学生自己写出的步骤是很难完成纸鹤折叠的。

③教师此时拿出彩色折纸（学生惊喜、欢呼），放视频（视频长3分47秒），要求学生跟随视频折叠纸鹤。为了让全班同学能跟上视频里的折叠速

度，教师控制视频播放进度。

④在大部分同学完成纸鹤折叠后（有极少部分没跟上视频速度，或没明白某些关键步骤的叠法，在课上没能及时完成），关闭视频。少部分动作快的同学还利用边角料折叠了其他作品。

⑤学生开始过程分析的说明文写作。因为考虑到写作中折纸鹤对应的英文有难度，教师可以给出关键英文词汇，或者鼓励学生分享他们在网络上找到的专业词汇，如square（正方形）、rectangular（长方形）、triangle（三角形）、crease（折痕）、press the crease（压出折痕）、flip over（翻过来）、fold horizontally（水平折叠）、fold diagonally（对角线折叠）、align（对齐）、edge（边）、center line（中线）等。

⑥再次提醒学生关注第一节课里讲过的说明文写作的注意事项：核查折纸鹤的步骤，确保没有跳过或重复任何步骤；以读者视角进行定向过程分析；文章组织与结构是否按时间顺序；强调重难和难点；总结写作后的收获等。

⑦大部分学生在课堂上完成了说明文写作的基本步骤。纸鹤的折叠步骤很细，要写清楚是有难度的。但是课前学生观看视频的时候已经讨论并预写过，而且教师鼓励他们利用网络搜索词汇和写作素材，加上课上的词汇提示和流程复习，所以学生基本都能完成写作练习。课程结束前，教师布置本课课后作业：写一篇文章来描述一件事情是如何完成的，如如何包饺子、如何做饭、如何准备出国旅行、如何准备惊喜派对等。要求小组写作，词数不限，可以选用其他主题，只要是对过程进行说明解释就可以。写完后同伴互评与反馈，提交最后版本的电子稿。

三、写后

课堂上学生完成"如何叠纸鹤"的说明文写作以后，教师给出两个版本的范文对照，并在课后通过班级QQ群发给学生。教师提示学生注意两个版本的用词不同，让学生分析哪个版本更好；提示学生注意连接词的使用，学习如何在某些重要步骤做出警示或强调等。

小组合作进行的过程分析写作要求教师分配好每个人的角色。写作前小组成员进行头脑风暴，构思讨论完毕后，由一人写第一稿，小组成员进行同伴互评反馈，并标注每一稿的反馈人，反馈要留痕迹。经过小组互评反馈后，完成终稿，提交电子版给教师。最后教师批改反馈后，班级点评、分享。

第四节　英语写作课程的评价与反馈

一、英语写作课程评价

在写作教学中，评价指各读者对文章的不同方面提出修改意见。教师在写作评价过程中多采用书面评价和口头评价。新西兰英语教育学专家罗得·艾利斯（Rod Ellis）将评价定义为"对学习者传达出的信息做出的反馈"。学者维格尔（Weigle）指出教师在写作评价过程中需要考虑七个关键问题，这七个问题反映了写作评价的基本方面：评价内容、评价目的、评价者、评价结果的使用、评价条件以及评价的有效性和可靠性。同时他也指出对学生写作能力的评价是写作教师的一项重要任务，设计公平有效的方法来评价自己学生的进步和成绩是教师必不可少的一项技能。

（一）师生合作评价（TSCA）

1. 师生合作评价的特点

书面作品和口头作品是TSCA的评价对象，这些作品是学生在课外完成的。TSCA有以下三个显著特点：一是评价主体不同。TSCA强调的是课前教师详批典型样本，课内生生合作、师生合作共同评价典型样本，做到了边评边学、以评为学。二是评价内容不同。TSCA不仅要对学生的产出作品质量进行评价，同时还要对学生交际目标和语言目标的实现情况进行评价。三是评价方式不同。TSCA还要求学生在课后对产出作品进行自我评价或同伴互评，并提交机器进行评分，教师需进行抽查以检查教学目标的实现情况。

TSCA是产出导向法教学流程中的最后一环，也是重要的一环。其评价对象是学生课外完成的产出作品，评价主体由三者构成：教师、学生和机器。评价方式不仅包括了课内的师生合作评价、生生合作评价，而且也包括了课外的学生自评和机器评价。TSCA将评价与教和学结合起来，真正做到了"以评为学"。

2. 师生合作评价的实施步骤和要求

TSCA的实施步骤分为课前、课中和课后三个阶段，如图5-1所示。课前准备阶段，学生完成产出任务，提交产出成果，即完成初次产出。教师在评阅学生的初次产出后，将学生产出中普遍出现的错误确定为评价焦点，选择典型样本，并对样本进行详批。同时教师还应设置相应练习，以帮助学生解决产出中的问题。

课内实施阶段是最为关键的一个环节。首先，教师阐明评价的目标、要求和步骤。其次，学生对典型样本进行独立思考，然后通过小组合作进行评价。最后，教师带领大家进行大班讨论，合作评价样本。教师需要随机抽查批改结果并选出优秀文章，在班级内供学生欣赏和学习。

TSCA课前准备

学生
1. 完成产出任务
2. 提交产出成果

↓

教师
1. 选择典型样本
2. 评估和修订样本
3. 依据教学目标，决定课内师生合作评估的重点和步骤
4. 准备课内学生评价材料
5. 设计练习

TSCA课内实施

教师
1. 布置评估任务的要求与步骤
2. 完成课内"师生合作评价"典型样本的任务
3. 带领学生完成练习

⇅

学生
1. 理解教师要求，先独立评价，再展开讨论
2. 参与全班交流与讨论
3. 了解不同修改版本的利弊
4. 完成语言形式练习

TSCA课后活动

学生
1. 根据课内教师要求使用修订模式进行自我修订或同伴互助修订
2. 提交给机器自动评分和点评

↓

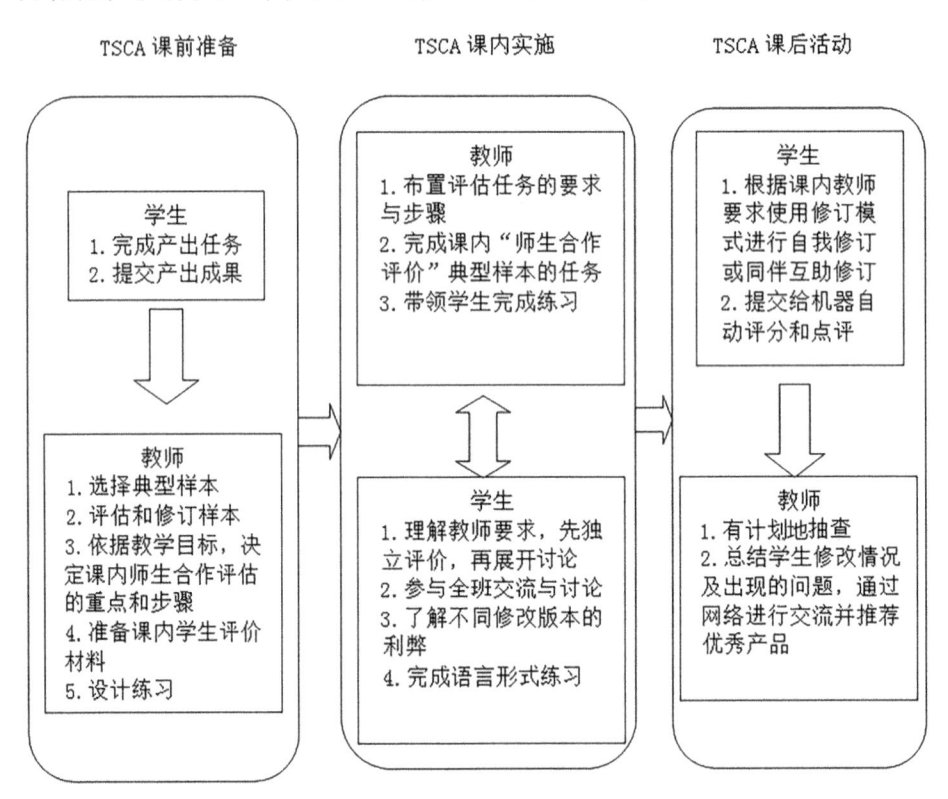

教师
1. 有计划地抽查
2. 总结学生修改情况及出现的问题，通过网络进行交流并推荐优秀产品

图5-1 师生合作评价流程

（二）同伴互评

同伴互评有利于增强学生写作过程中的自主学习意识和个人责任感，激发学生的学习兴趣和潜能，提高学生的写作质量。学者罗林森（Rowlinson）发现，同伴互评避免了教师评价的单向性，为学生的合作提供了有效帮助。同

伴互评的有效性在中国学者的研究中也得到普遍认可，崔莹、盖笑松和张绍杰从理念层面、认知层面和操作层面探究了同伴互评的有效性，指出同伴互评是一种有效的评价方式，可以提高大课堂学习群体的写作能力。

同伴互评虽应用广泛，但也有缺陷。首先是大多数学生只认可教师的权威性，评价时学生间做不到相互信任。其次是同伴互评的质量得不到保证。通过互评，大多数学生可以解决文章中的词汇、语法问题，但是他们很难发现写作结构和文章思想等方面的问题。学者周雪指出，同伴互评的复杂性导致其很难应用于英语写作教学课堂。学者费红通过实验指出，大多数的受试者不认可同伴互评。学生对同伴互评的兴趣度较低，加之他们的知识储备量不足，所以在英语写作教学时很难保证同伴评价的有效性。

（三）机器评价

机器评价的研究最早开始于20世纪60年代。世界上首款写作自动评估系统——Page Essay Grade（PEG）是由美国艾力斯·佩奇（Ellis Page）等学者研发的，此系统仅能为学生的作文打分，但无法给出批注。国内使用较多的写作批改系统则是句酷批改网。随着写作评价系统的不断发展，国内外大量学者对其有效性进行了研究。国内外相关研究发现机器评价具有很多优势，如可以给予即时反馈，节省教师的时间，发现单词、语法、句型等语言形式方面的问题，提高学生作文修改的正确性和文章质量，促使学生进行自我反思和自发修改，提高学生的自主学习意识和自主学习能力。

此外，机器评价也有很多不足，如机器的反馈多集中在词汇和部分语法方面，在写作内容和文章思想方面涉及较少；学生和机器缺少有意义的交流；机器对学生文章的评分明显地高于教师的评分，无法准确反映出学生写作的真实水平。

二、英语写作课程反馈

（一）同伴反馈教学评价方式

1.同伴反馈教学评价方式的具体开展流程

同伴反馈教学评价方式通常将学生划分2—4人的小组形式。同小组的学生审阅彼此的英语作文并对作文做出客观性的评价及修改意见，同时在审阅的过程中，还可以将有意思、优秀、不确定的语句、表述方式等标注出来，在审阅结束后，可以对标注内容进行小组讨论或者寻求教师帮助。英语作文审阅结束后，学生要根据同伴的批注及修改意见对作文进行修改、润色，然后再交由同伴审阅，该环节一般需要重复2—3遍。在学生及其同伴都觉得英语作文没有问题后，学生方可将英语作文及同伴反馈评价一同交给英语教师，而教师应分析整合学生作文及学生反馈评价，对学生作文做出最终教学评价，进一步明确学生在英语写作中需注意的问题，促使学生更加牢固地掌握英语写作技巧及方式。

2.同伴反馈教学评价方式的注意事项

英语教师在划分评价反馈小组时，要认真分析学生的英语实际能力，遵循组间同质、组内异质的分组原则，合理恰当地划分小组并保障各个评价小组中都有英语写作水平较高的学生，这样不仅可以确保同伴评价的准确性、有效性，还可以借助英语写作水平较高学生的影响力对小组同伴产生同化、激励作用，共同推动小组成员英语写作能力的提升。英语教师要设计同伴反馈教学评价活动，精心设计不同写作文体、评价标准等，使同伴反馈意见不仅仅局限于语法错误、表述不当等浅显层次，还可以引导学生对作文内容架构、形式技巧等进行分析评价，借此提升学生英语写作能力，切实发挥同伴教学评价的教学价值。

（二）计算机反馈教学评价方式

1.计算机反馈教学评价方式的教学意义

计算机反馈教学评价方式是借助计算机网络平台开展的评价交流方式，为英语写作教学提供了更加多元化、先进化的交流机会，对学生的英语写作能力提升有着极为重要的推进作用。计算机网络平台为大学生提供了以计算机技术为载体的英语写作讨论机会，让大学生得以从更多渠道阅读到同伴的英语作文并获得更多同伴的评价信息。这样不仅拓宽学生的英语写作眼界，激励着学生更加积极自主地学习英语写作知识，还能从更多层次拓展学生的英语写作思维，给予其足够充分且多元的思维发散空间。而且计算机网络反馈可以显著缓解学生的焦虑情绪、心理压力等，为学生的英语写作学习提供更加充足的动力。

2.计算机反馈教学评价方式的自动反馈系统

随着英语写作教学对计算机反馈教学评价方式的肯定及需求，诸多学者及研究人员开始关注、研发计算机反馈教学评价方式的自动反馈系统，借此为学生的英语作文提供更实时高效的评价服务。现阶段的计算机反馈教学评价方式的自动反馈系统已经非常成熟且稳定,其评价结果与人工评价结果几乎一致,在英语学习及英语教学中都得到了普遍应用。这样不仅提升了英语写作教学的评价效率及准确性,还进一步拓宽了英语写作反馈来源,对学生的自主英语写作学习的开展提供了更加便捷、可靠的指引方式,极大地推动着学生英语写作自主意识和独立分析意识的提升,促使学生准确有效地巩固、学习其英语写作知识的薄弱领域,有益于英语写作知识体系的构建。

（1）写作评价反馈有效性原则

①及时性。及时性是指学习者完成英语写作与接收到评价反馈信息的间隔不宜过长,并且评价反馈信息应该贯穿写作过程始终。在传统的"教师布置作业—学生完成并上交—教师批阅—教师反馈—学生查看反馈意见"的流程中,反馈信息通常滞后一两周或者更久,这无疑让教师反馈对学生写作水平的促进作用大打折扣。批改网在学习者提交作文后,可以立即给出相应的分数和修改建议,让学习者第一时间接收到反馈,便于其对作文进行自我修改和完善。

②正确性。反馈信息的语言措辞应该是准确无误的,不应模糊不清或者含有语言错误及误导信息,其本身应该是语言使用的范例,可以增加学生有效信息的输入。批改网基于语料库的大数据对比分析,在语法、词汇拼写、搭配等层面错误的识别上相对成熟并且具有较高的准确性。同时,批改网对特色表达,如"reform and opening up（改革开放）",也进行了特别提示。

③针对性。针对性是指反馈信息应该具体、细致、实用,应避免千篇一律。批改网的一大特色就是按句点评,以句子为单位给出修改意见。它不仅有语法错误识别功能,还有高频搭配推荐、易混词汇拓展辨析、同义词或近义词替换建议等反馈功能。同时,批改网用学习者的母语直接显性地反馈作文评语和修改意见,可以让学习者更好地理解反馈信息,从而帮助学习者从反馈信息中获得最大的收益。

④相关性。反馈应与写作任务、学习者写作能力相关。超出学生目前写作水平的反馈可能会造成学生认知上的负担,进而影响学生的写作自信和自我效能感。相反,低于学生写作水平的反馈将会让学生失去写作的动力,不利于学生英语写作水平的提高。从中介语的视角来看,写作反馈应稍高于学生目前已有的英语水平,这样才能帮助学生有效提升写作水平。批改网对具有不同写作目的和评价标准的英语写作任务,设置有打分公式,囊括了目前国内外不同层次、不同水平的众多英语考试的写作评分标准。批改网可以根据相应的评分标准和权重对学生的文章进行打分反馈,具有较高的相关性。

⑤多功能性。反馈除了最主要的纠错功能之外,还应具有多种教学和交

际功能。批改网除了按句反馈纠错之外，在整体评语中也体现出了反馈的激励作用，比如，"采用了适当的衔接手法，层次清晰；作者句法知识掌握得不够好，可适当增加从句的使用；作者词汇基础扎实，拼写也很棒"等。这些评语指出学习者对句法知识的掌握有所欠缺，但同时从词汇拼写使用、结构衔接的层面对学习者的写作水平给了肯定，这种积极的反馈信息有利于增强学习者写作的自信和效能感。

⑥可接受性。可接受性是指学生易于接受，它可以促使学习者做出积极反应，如积极修改、重写和进行多稿写作等。批改网的系统多次修改功能可以提高学生的自我修订意识，使学生成为写作活动的主体。学习者可以根据批改网提供的反馈信息，采纳修改建议，完善写作并再次提交，其作文评价分数会在反复提交中不断提高，这样就能激励学习者进行多次有效的文本修改，从而提升学习者的写作反思能力和修改能力。

（2）影响智能反馈有效性的因素

批改网的智能反馈在上文提及的六个维度上都是具有较高效度的，但同时其效度也受内在和外在因素的影响。具体而言，内在因素包括智能批阅系统的技术水平层次或智能化程度，外在因素是指使用者对评价反馈的态度和反应。

①反馈的覆盖面。对作文进行评分一般至少需要从三个方面衡量作文的整体质量：语言、内容和篇章结构。如果一个作文自动评分系统在评价过程中没能很好地兼顾这三个方面，那么其评分的结构效度值得怀疑。有实证研究结果显示，批改网在学生语法、词汇、技术性细节方面具有促进作用，而对学生写作的内容质量、逻辑结构和篇章布局的促进作用十分有限。也就是说，批改网在语言维度上的纠错能力是相对来说较为成熟和先进的，但是在内容逻辑性、连贯性以及篇章结构方面是稍显逊色的，从而在一定程度上影响了评分的效度。

②反馈的内核技术。在线自动反馈的正确率受制于计算机语言处理技术的新进展和新突破。早期的技术多采用对比技术，所以，语言错误的识别率、正确率和反馈的准确率有限。但随着语料库的发展，当下主流的英语写作自动反馈技术多采用语料库技术，使用的是包含不同语体、不同语境、不同题材及体裁的英语写作文本库。语料库不以语言使用的正确性为唯一标准。语言搭配中的地道性和目标表达在该语境中是否属于高频搭配都是在线写作反馈的维度之一。因此，语料库技术及相关领域的发展为在线反馈的有效性提供了技术支持。

③反馈的可信程度。写作反馈是一个涉及多维度的诊断性评价，除了认知维度外，还包括学生的情感维度。在二语习得领域的相关研究中，学生的情感态度在外语学习过程中起着过滤、调节等多重作用。也就是说，写作反馈除了在认知维度上对学生的学习产出有帮助之外，还需要考虑到学生对写作反馈的情感接受度、信任度和采纳度，从而推进学习持续有效发生。

因此，反馈语言应多以积极鼓励为主，让学生看到自己的点滴进步，进而强化写作自信，提升自我效能感，产生自主学习的动力。相反，如果反馈多是消极、晦涩难懂的术语，那么它将不利于学生写作自信心的建立，并且会阻碍学生积极内化反馈的进程。

3.计算机英语写作数据库的构建

计算机英语写作数据库的构建是计算机反馈教学评价方式的基础。学生不仅可以通过评价软件获取英语写作反馈评价，还可以通过检索工具直接访问英语写作数据库信息，提升英语写作数据库的利用率。例如，学生可以通过检索工具进入英语写作训练版块，根据其需求进行针对性、集中性的写作学习，还可以借助检索工具搜集其所需要的写作素材、语法技巧、思路提示等，为学生的英语写作学习提供专业性的知识支撑。但是，计算机英语写作数据库对学生英语写作中的情感因素的识别认知存在一定的缺陷，学生在使用过程中应对该特点加以注意，在计算机反馈评价结果的基础上，要认真剖析文章的情感层次，提升英语作文的情感饱满性、适宜性。

（三）双反馈评价模式

1.英语写作反馈评价模式的课程设置

学生的英语写作技能及语言组织水平可以直接反映其英语能力，是评价学生英语实践能力的教学指标。虽然现阶段的英语教学对学生英语写作能力愈发注重，且明确提出英语写作的教学目标及任务，力求保障学生在后续的工作岗位、自身发展、社会交往中得以正确、灵活地应用书面英语。但是，目前独立设置英语写作课程的学校并不多，英语写作教学还是以英语教学组成部分的形式存在于大部分的课程中。所以，极易缺乏系统性、细化性的英语写作教学课程，不利于学生英语写作技能的高质量提升及其英语写作思维的有效性拓展。

因此，英语教师要给予英语写作教学足够的重视，认真分析英语写作教学要求及教学任务，在此基础上根据教学进度适时地设置独立的英语写作课程，构建学生的英语写作认知主体及思维主体，激发并提升学生的英语写作学习热情。例如，大学英语教学的课程安排为每周四课时且每两周完成一个主题单元，英语教师可以在该主题单元的教学课程结束后设置独立的英语写作课程，并从该单元教学主题及主要内容方面衍生英语写作主题，这样不仅为学生的英语写作提供锻炼空间，还可借助英语写作巩固学生的学习成果。英语教师要恰当地将多元化的反馈评价机制引入写作教学中，借助反馈评价对学生的英语写作提供更加高效、互动的反馈教学指导，有益于学生英语写作认知思维的构建。

值得注意的是，同伴反馈评价需要英语教师准确设计反馈小组及评价标准，并在学生审阅作文的过程中注重学生审阅思路、审阅方式的正确性和有效性等，借此保障同伴反馈评价的有序有效开展；计算机反馈评价需要英语教师对学生写作的情感因素进行仔细梳理，弥补计算机反馈评价方式对情感因素认知不足的缺陷，进而保障学生英语写作教学反馈的实时高效开展。

2.英语写作反馈评价模式的教学任务设计

在应试教育的长期影响下，英语教育具有明显的教学目的性，导致英语写作课程教学任务的设计模式化、任务化，不利于学生英语写作思维情感的发散及英语语法技巧的灵活应用。而且，英语写作教学缺乏明确的教学体系，通常会为了应对考试、减轻教学负担，而设置限时间、限词数的英语短作文教学，不利于学生英语写作思维情感的发散及英语语法技巧的灵活应用。英语写作教学课程的设计要从学生英语写作兴趣、写作思维等层面入手，为学生构建生活化、熟悉化的英语写作主题及内容，促使学生有足够多的写作思路来构建写作框架，进而推动学生自主积极地组织尽可能多的语言来表达自己的思维情感，完成学生英语写作思维的构建。

3.英语写作反馈评价模式的角色定位

英语教师、学生都是英语写作教学活动的主体因素，其中英语教师是教学引导者、主导者，而学生则是教学主角，占据英语写作教学的主体位置。只有英语教师和学生的双向互动、协同发展才能实现高质量、高成效的英语写作教学。在英语写作多元化反馈评价教学模式中，教学评价亦是互动性、多极性的，计算机反馈评价也不应被排除在外，英语教师、学生、计算机技术应该相互配合、灵活应用，形成动态性、过程性的英语写作教学系统。因此，我们要明确这些因素在英语写作反馈评价模式中的角色定位。

(1) 英语教师角色定位

英语教师在英语写作反馈评价模式中占据反馈主体、反馈主导的位置。英语教师应该正确且深入地认知同伴反馈评价方式及计算机反馈评价方式对写作反馈的创新性影响，即计算机反馈评价方式及同伴反馈评价方式在英语写作教学中的灵活应用，促使传统教师反馈的单一型评价方式逐步发展为多载体的多元化评价方式。

因此，英语教师应结合写作教学实践情况，科学恰当地运用多元化的反馈评价方式，同时要发挥反馈主体、反馈主导的本职作用，积极整合教学技术、教学知识、教学思路等，引导英语写作反馈评价准确有序地开展，进而为学生构建有序高效、便捷自主的英语写作教学课程打基础。英语教师应对反馈资源足够的熟悉，进而才能在反馈教学中掌握学生的认知情况及教学状态，才能为学生提供语法技巧的帮助及写作思维的引导。

此外，在计算机反馈评价教学中，英语教师通过计算机反馈系统的记忆功能、作文解析功能等对学生的自主写作、反馈评价、写作修改等情况进行了解，以便能够准确掌握学生的英语写作学习进度及写作水平，不但可以对学生的英语写作教学做出更加准确、实时的教学评价，而且还能设计安排更加符合学生需求的英语写作教学课程，推动学生更加积极地参与到英语写作学习中，实现学生自主开展英语写作训练的良性循环，进而发挥教学双向互动的最佳教学价值。

(2) 学生角色定位

学生是英语写作知识的构建主体，在英语写作反馈评价模式中占据反馈客体、反馈主体的位置。英语写作教学不仅是单纯的英语知识传递、接受过程，还是引导学生将其接收到的英语信息进行分析、重构的过程，进而帮助学生完成英语写作知识体系、英语写作思路的构建。

因此，学生应正确认知反馈评价模式，积极接受并认真分析反馈内容，根据自己的理解对反馈评价及其修改意见进行检验、批判，在此基础上，再根据自己分析整合的知识内容对英语作文进行修改、润色，更好、更出色地完成英语写作训练。在该过程中，学生应该意识到其在写作反馈评价教学中的主体地位，不仅要对反馈评价持认可、接受态度，借助其积极构建自身的英语写作知识体系，还要突破反馈接受者的身份掣肘，敢于对写作反馈持辩证、质疑态度，借此检验自身英语知识牢固程度及英语知识运用能力，进而推动学生英语语言能力的提升。

（3）反馈评价角色定位

英语写作教学反馈评价方式的教学本质是反馈资源的整合，为学生构建系统化、专业化、时效化的英语写作反馈体系及教学平台，进而为英语写作教学提供准确多元、便捷高效的教学指导，促进学生自主写作能力、捕获信息能力、英语核心素养的提高。需要注意的是反馈模式是针对整个英语写作教学过程设计衍生的，也是英语写作教学的重要环节，对提升学生自主英语写作能力、自主英语探究能力有积极作用，而且，可以对学生自主英语写作提供适宜性、可选择性的训练平台，并获得指导化、个性化的反馈评价及教学建议，实现学生英语写作能力的针对性提升。尤其在应用计算机反馈系统时，教师可以在系统设定学生的英语水平、写作训练需求等，系统会根据设定信息为学生推荐相匹配的英语写作训练内容及其所关联的英语知识领域，有利于学生英语写作能力的集中性强化提升。

第六章　自主学习与英语写作课教学优化

教学是一种有目的、有计划的活动。在活动之前，教师需要进行必要的准备，在头脑中或书面上做一个计划。教师的课前准备是有效教学的前提。学生一届届更换，知识一天天更新。即使教授同一课程，仍需认真备课，以加强教学的针对性。本章分为自主学习教学策略的相关理论、自主学习模式与传统教学模式的比较、基于自主学习的英语写作课教学优化三部分，主要包括行为主义学习理论、自主学习模式与传统英语教学模式对比、提升自主学习质量的策略等方面内容。

第一节　自主学习教学策略的相关理论

一、建构主义学习理论

建构主义学习理论于20世纪60年代由瑞士心理学家皮亚杰提出。皮亚杰在其结构观和建构观中阐释知识是人们在对世界理性认识和感性认识结合的基础上构建起来的，知识的产生离不开日常的认识活动。另一代表人物维果茨基提出"最近发展区理论"，认为学习的发展有两种水平：一种是学生现有的认知水平，即学生在独立活动时获得的解决问题的能力水平；另一种是学生可能发展的水平，即学生经过教学培训后所获得的学习能力，这两者之间的差异就形成了最近发展区。之后布鲁纳阐释了学习的实质：学习不单是知识结构建立的过程，还兼有学科探索以及掌握学科学习的态度和方法。布鲁纳还提出著名的"三个任何"观点，即任何学科的知识组成部分都可以用特定合理的方式传授给任何智力水平的任何儿童。在"三个任何"的理论基础上，建构主义形成了自己的观点，发展至今，虽流派众多，但在如何看待知识、学习以及教学的问题上都有共同之处。

在知识问题上，构建主义学习理论认为，知识并非对现实的准确表示，而是一种与社会生活各类现象相关的阐释或假定，并且会随着社会的发展进步不断更新换代，又出现新的阐释或假定。它并不是问题的标准答案，而是一直不断向真相靠近的一种具有变化性的认知。知识并不遵从世界准确表述的准则，是根据具体问题和具体情况进行的再创造和再认知。

在学习问题上，建构主义学习理论主张，新知识的获取是在原有的知识基础上完成的，并在一定的社会文化环境中，以人际互动方式和文化交流方式不断对世界进行探究、掌握和阐释并实现知识构建的过程。在教学中，学习是学生主动进行内在知识构建的过程，而不是被动接受教师传授内容的过程。不同社会背景、不同认知水平的学生，在教师及教学资料等多方面的帮助下，通过自己特有的知识处理加工过程，构建起对各学科的理解。

在教学问题上，建构主义教育理论体现在两个方面：一方面学生是学习活动的主体。教学活动是师生共同参与、积极互动、一起成长的过程，但必须注重学生在学习活动中的主体地位。有效的教学活动以学生为本，促进学生的全面发展。在教学中，教师有渊博的知识固然很重要，但要把知识转化给学生不是一件容易的事。只有以自主思考的方式为基础，学生才能有效地获得知识和消化知识。通过自主思考和体验知识并学会知识的方式，学生最后能熟练且准确地运用知识。学生在知识学习和能力培养的过程中，只有参与教师巧妙创设的教学活动，才能在学科探索、难题突破和思想态度方面取得进步。另一方面教师是学习活动的指导者。教师协助学生在学习环境中表达他们的真实想法并学习知识。学习是学生自己的事情，教师只有让学生自己亲身实践、大胆探索，才能使学生自己建构知识体系。教师通过合理的问题假设，或者具有启发性的知识讲解，带领学生积极探索，激发学生的好奇心；通过恰当的提示或总结，使学生明白、把握、沉淀、渗透知识，唤起学生的学习能力，促使学生自主建构知识、参与实践活动，引导学生积极踊跃参加学习活动，提高教学活动的效率和效果。

二、行为主义学习理论

行为主义学习理论诞生于20世纪初，是在反对构造主义心理学的基础上发展起来的理论。行为主义学习理论可以用公式"S-R"来表示，S表示来自外界的刺激，R表示个体接受刺激后的行为反应。行为主义者认为，个体在不断接受特定的外界刺激后就可能形成与这种刺激相适应的行为表现，个体的学习过程就是刺激与反应之间建立起联系的过程，即S-R的联结过程。行为主义学习理论的代表人物有巴甫洛夫（Pavlov）、桑代克（Thorndike）、斯金纳和班杜拉（Bandura）等人，他们从各自不同的角度揭示了刺激与反应之间的联系。

（一）巴甫洛夫的经典条件作用理论

苏联生理学家巴甫洛夫通过研究狗在特定条件下的唾液分泌现象，提出了广为人知的经典条件作用理论，又称经典条件反射理论。经典条件作用指将不能诱发反应（如唾液分泌）的中性刺激（如铃声）与一个能诱发反应的刺激（如食物）配对一次或多次后，致使中性刺激最终能诱发同类反应的过程。所谓"条件"就是指中性刺激与能诱发反应的刺激进行配对。

巴甫洛夫发现，在建立条件反射后继续让条件刺激（铃声）与无条件刺激（食物）同时呈现，狗的条件反射行为（唾液分泌）会持续地保持下去。但当条件刺激（铃声）多次出现而没有伴随相应的无条件刺激（食物）时，狗的唾液分泌量会随着实验次数的增加而自行减少，这便是反应的消退。在一定的条件反射形成之后，有机体对与条件反射物相类似的其他刺激物也有可能做出一定的反应，这一现象便叫作泛化。与泛化相反，如果有机体仅对某一条件刺激做出反应而对与该刺激相似的其他刺激不予反应，则这一现象便是分化。分化是有机体对条件刺激物反应的进一步精确化，即对目标刺激物加以保持，而非目标刺激反应则被消退。此外，如果某个条件刺激与反应建立了经典条件作用，则这个条件刺激有可能阻止其他的新刺激与反应建立关系，这就是阻断。

巴甫洛夫的经典条件作用理论对心理学的发展产生了深远的影响。实际上，经典条件作用现象普遍存在于我们日常生活中。当某一事件总是在另一事件之前出现时，个体就有可能根据事件发生的先后关系做出相应的反应，由此产生经典条件反射。经典条件作用理论在许多领域，尤其在行为矫正领域，如系统脱敏法、厌恶疗法中都发挥了重要作用。

（二）桑代克的联结学说

美国心理学家桑代克进行了一系列的科学实验来研究学习的规律，其中比较著名的是迷笼实验。他把一只饥饿的猫放入一个迷笼，在笼子外面放上猫可以看见的鱼、肉等食物。笼子中有一个特殊的装置，猫只要一踏笼中的踏板，就可以打开笼子的门出来吃到食物。桑代克记录下猫逃出笼子所用的时间，然后又把它放进去，再进行下一次实验。他发现随着实验次数的增加，猫从笼子里逃出来所用的时间在不断减少。最后，猫几乎是刚被放进笼子就去启动机关，即猫学会了开门这个动作。根据这一实验，桑代克提出了学习的联结学说，认为学习就是建立情境与反应之间的联系或联结。个体要想建立刺激和反应联结，就需要不断尝试，并不断减少错误。因此，他把自己的观点称为"试误说"。联结的建立遵循一定的学习规律，其中最主要的学习规律有三条：效果律、练习律和准备律。

①效果律。效果律指情境与反应之间联结的加强与减弱受反应之后效果的支配。若反应之后得到奖赏，则该反应与情境之间的联结得到加强；若反应之后受到惩罚，则联结得到减弱。效果律是最重要的学习定律。

②练习律。练习律指刺激与反应之间的联结因练习、使用而增加，因不使用而减弱。在实践中，正确地重复某种刺激反应过程会有效地增强学生已经形成的这种联结。

③准备律。准备律可以看作学习的动机原则。有机体能否做出反应，还取决于其是否具有动机准备。例如，如果猫已经吃得很饱，或者猫虽然饥饿，但笼外并没有提供食物，那么它就不一定学会逃出迷笼的行为，即使学习正在进行，其速度和水平也会受到影响。可见，在进入某种学习活动之前，如果学生做好了学习活动的准备，就能较好地掌握学习内容。

（三）斯金纳的操作条件作用理论

继桑代克之后，美国行为主义心理学家斯金纳进一步发展了桑代克的联结学说，提出了著名的操作条件作用理论。

斯金纳质疑"没有刺激就没有反应"的假设，认为巴甫洛夫等研究者提出的模式仅能解释非常有限的人类和动物的某些行为，因为大部分的行为并不是由明显的刺激引发的，而是自发产生的。为此，他认为应该区分两类反应：由已知刺激引发的"应答性反应"和无须已知的任何刺激而由有机体自发产生的"操作性反应"。前者是不随意的、无法控制的反应，如心跳、脉搏、腺体分泌等；后者是随意的或有目的的反应，如穿衣、说话、写字等。而所谓"操作条件作用"是指在某种情境下，个体自发的反应产生的结果会促进反应强度的增加，并最终与某一刺激或事件建立起新的联系的过程。

为了探讨操作条件作用的形成规律，斯金纳设计了一个学习装置——斯金纳箱，箱内有一个操纵杆，只要饥饿的小白鼠按动操纵杆，就可以吃到一颗食丸。开始的时候小白鼠在无意中按下了操纵杆，吃到了食丸。经过几次尝试以后，小白鼠"发现"了按动操纵杆与吃到食丸之间的关系，于是就会不断地按动操纵杆，直到吃饱为止。斯金纳把类似小白鼠的这种行为过程称为操作性条件反射。

辨别性刺激指影响动物获得食物奖励的线索，如操纵杆。操作性反应指动物有意识做出的、能达到某种目的的反应，如按压操纵杆。强化指能够提高操作性反应的概率的刺激或事件。斯金纳认为，凡是能提高反应概率或反应发生的可能性的手段、措施等都可以称为强化，那些能够提高反应概率的刺激或事件即强化物。

强化物既可以是各种刺激，也可以是各种反应；既可以是某种物品，也可以是某种行为、活动或心理上的需求和满足等。强化可以分为正强化和负强化：呈现某种刺激以提高反应概率的过程即正强化，如儿童在表现出恰当行为后得到成人的物质奖励或表扬，该奖励或表扬即正强化物；取消厌恶性刺激以提高反应概率的过程即负强化，如动物必须在做出正确的反应后才可使电击终止，电击即负强化物。强化还可以分为一级强化和二级强化：一级强化指无须训练或学习就能够实现的本能强化过程，食物、水或其他感觉刺激物都属一级强化物；在一级强化的基础上，通过经典条件作用使原来中性的刺激具备强化特征，这种原来中性的刺激就是二级强化物，基于二级强化物的强化过程就是二级强化。如言语表扬经常伴随着糖果（一级强化物）的奖赏，则表扬也逐渐具有强化特征。在二级强化物中，存在着一种概括化的强化物，它可以伴随多种一级强化物出现，并在很多情况下即使一级强化物不出现也依然有效，如金钱、权力、名声、关爱、自由、健康、关注、表扬等，这类强化物大多具有社会化特征。

（四）班杜拉的社会学习理论

美国心理学家班杜拉在反思行为主义所强调的"刺激—反应"的简单学习模式的基础上，结合认知主义学习理论的研究成果，形成了综合行为主义和认知主义理论的"认知—行为主义"的学习模式，这就是著名的社会学习理论。

班杜拉指出，早期行为主义"刺激—反应"的简单学习模式无法解释人类全部的学习现象，人有许多复杂的行为是不可能通过经典条件反射和操作条件反射的作用来简单地加以控制和改变的，必须通过模仿才能获得。由此他提出了"人在社会中学习"的基本观点和"观察学习"的基本概念。他认为，儿童社会行为的习得主要是通过观察、模仿现实生活中重要人物的行为来完成的，并认为任何个体观察学习的过程都是在个体、环境和行为三者相互作用下发生的。个体、环境和行为三者彼此影响，互为决定因素。

与操作条件作用理论一样，社会学习理论也承认强化在行为产生中所具有的作用，但两者有不同之处。首先，操作条件作用理论将强化视为学习的必要条件，而社会学习理论则认为强化仅仅是影响学习的条件之一。其次，操作条件作用理论只强调对行为的直接强化，而按照班杜拉的观点，强化不仅包括直接强化，还包括替代强化和自我强化。替代强化即通过观察他人或示范者的强化行为而间接地强化了观察者行为的强化形式。自我强化即学生对自己达标行为进行的强化。替代强化尽管是对观察者的间接强化，但在社会学习中发挥着重要作用，例如，看到别的同学做出某一行为后得到了教师的表扬，自己也会趋于做出同样的行为。自我强化参照的是自己预先设定的目标，也是一种有效的强化方式，如在一次跳绳比赛中，一个学生对自己跳了150次而欣喜不已，而另外一个拥有同样成绩的学生则可能会懊恼不已。

三、认知主义学习理论

认知主义学习理论发端于早期认知理论的代表学派——格式塔心理学的顿悟说，并于20世纪60年代后随着认知主义心理学的诞生而形成。20世纪60年代，以布鲁纳和奥苏伯尔为代表的"认知结构论"的出现，标志着认知主义学习理论迎来了第一个发展的高峰期。认知结构论认为，学习过程是认知结构的组织和再组织过程，学习的实质在于人们主动地形成认知结构，并使已有的认知结构不断分化和整合。20世纪70年代，美国教育心理学家加涅（Gagne）与相关学者提出"信息加工论"，使得认知主义学习理论进入第二个发展的高峰期。信息加工论通过把人的认知和计算机进行功能模拟，认为人的认知过程是一个主动寻找、接收信息并在一定的认知结构中进行加工的过程，而学习过程就是信息的输入、编码、加工、储存、提取和输出应用的过程。这一理论对语言习得研究和英语教学的发展产生了深远影响。在20世纪80年代兴起的建构主义理论为认知主义学习理论带来了第三个发展的高峰期。建构主义认为，学习过程是学习者对认知信息不断进行从解构到建构的过程。解构是认知主体根据自己的认知结构把认知客体的结构分解为几个组成要素，与自己的认知经验相联系，进行序列性和平行性特征识别、分类、比较、概括、推理的信息加工过程。建构是认知主体按照自己的认知策略和经验，把认知客体解构后的要素进行有意义的重组，并通过同化或顺应的方式，将其与自己已有的认知结构联系起来，产生新的意义和行为的过程。

总的来说，认知主义学习理论重视研究学习者处理环境刺激时的内部过程和机制，强调学习是个体在大脑中完成的对个体经验重新组织的过程，主张不应该通过简单地观察实施刺激的反应方式来确定人类的学习模式，而应该重视学习者对自身知识的重组或建构。认知主义学习理论由众多理论构成，这里重点介绍柏林学派的格式塔学习理论、布鲁纳的认知结构学习理论以及奥苏伯尔的认知同化学习理论。

（一）柏林学派的格式塔学习理论

在美国出现行为主义心理学的同时，德国出现了另一个心理学派别，即"格式塔心理学"，也称"完形心理学"，由德国心理学家韦特海默（M. Wetheimer）、考夫卡（K. Koffka）和柯勒（W. Kohler）创立。"格式塔"是德文"gestalt"的音译，为"整体"或"完形"的意思。同行为主义心理学一样，格式塔心理学也是在反对构造主义心理学的基础上诞生的，其著名论点是"整体大于部分之和"和"知觉大于感觉的总和"，认为构造主义把心理活动分割成一个个独立的元素进行研究并不合理，因为人对事物的认识具有整体性，心理和意识不等于感觉元素的机械总和。在格式塔心理学的基础上产生的格式塔学习理论的基本观点可以通过以下两个方面来阐述。

1.关于学习的本质

格式塔学派认为，从学习的结果来看，学习不是简单地形成由此到彼的神经通路的联系活动，不是形成"刺激—反应"的联结，而是形成了新的完形，如柯勒曾指出："学习在于发生一种完形的组织，并非各部分的联结。"这个完形反映了情境中各事物的联系与关系。学习的过程就是头脑主动积极地对情境进行组织的过程，这种组织的方式遵循知觉的规律。学习意味着学习者要觉察特定情境中的关键性要素，了解这些要素是如何联系的，识别其中内在的结构。所以，学习、知觉和认知几乎是同义词，学习即知觉的重组。学习会在头脑中留下记忆痕迹，记忆痕迹是因经验而留在神经系统中的，但这些痕迹不是孤立的要素，而是一个有组织的整体，即完形。

2.关于创造性思维

韦特海默曾对思维问题进行过系统的研究。他把顿悟学习原理运用到创造性思维的探讨中，认为创造性思维就是打破旧的完形进而形成新的完形的过程，并建议通过把握问题的整体来进行这种思维。他认为，要想创造性地解决问题，必须让整体支配部分，必须把细节放在问题的整体中，把细节与整体结构联系起来加以考虑，即使在必须关注问题细节时，也决不能忽视问题的整体。他还指出，要想使人们能够顺利地解决问题，就必须要把问题的整个情境呈现出来，使人们能够对问题有个完整的认识，决不能像桑代克那样，有意地把解决问题的方法和途径掩藏起来，迫使被试者不得不去盲目试误。

（二）布鲁纳的认知结构学习理论

布鲁纳是美国心理学家和教育家，也是结构主义教育流派的代表人物之一。布鲁纳主要研究有机体在知觉与思维方面的认知学习。他把认知结构称为有机体感知和概括外部世界的一般方式，并且认为人的认识过程是把新学习的信息和以前学习所形成的心理框架（或现实的模式）联系起来，积极地构成知识的过程。他强调学校教学的主要任务就是要主动地把学习者旧的认知结构置换成新的，促成个体用新的认知方式来感知周围世界。布鲁纳的观点主要有以下两点：

1.关于知觉、归类与概念获得

在布鲁纳看来，所谓知觉，就是人们根据刺激输入的某些确定的或关键的属性，有选择地把它们归入某一类别，然后根据这一类别的已有知识加以推论。所以，从某种意义上来说，人类的知觉过程就是对客体不断进行归类的过程。他认为，人们是根据类别或分类系统来与环境相互作用的，一个类别实际上也就是一个概念，是思维过程的核心。在具体的学习过程中，这些相关的类别构成了编码系统。编码系统是人们对所学知识加以分类和组合的方式，它在人们不断学习过程中进行着持续的变化和重组。

布鲁纳还对概念形成与概念获得做了区分。概念形成是指学习者知道某些东西属于这一类别，其他东西不属于这一类别；概念获得是指学习者发现可用来区别某一类别的成员与非这一类别的事物的各种属性。例如，当学习者知道有些蘑菇可以吃，有些蘑菇不能吃时，就已经形成了可吃与不可吃蘑菇的概念。但是，形成了这种概念并不意味着他们现在可以到野外去采蘑菇吃。只有当精确地了解可吃蘑菇与不可吃蘑菇之间的区别时，学习者才获得了这一概念。布鲁纳认为，学习者的探究实际上并不是发现世界上各种事件分类的方式，而是创建分类的方式。所以，他提倡教师在帮助学生学习的过程中，不仅要提供必要的信息，还要教会学生掌握并综合运用客观事物归类的方法。他认为，帮助学生有效地获得概念是学校教育的基本目的之一。然而事实上，尽管许多教学模式在有些方面很有效，但在概念学习方面没有效果。许多教育者还没有意识到概念学习与其他学习类型的区别。布鲁纳对学生概念学习过程的研究，是对认知学习理论的一个重大贡献。

2.关于认知结构和知识结构

布鲁纳认为，学习过程就是认知结构的组织和重新组织过程，或者说，学习的实质就是个体把同类事物联系起来并赋予它们有意义的结构。他认为，学科知识的学习就是学生在头脑中形成各学科知识结构的过程，这种知识结构是由学科知识中的基本概念、基本原理和基本规律组成的。学习活动的最终目的是能够理解"题材结构"，因此，布鲁纳十分重视学生对学科基本结构的掌握，强调"不论选教什么学科，务必使学生理解该学科的基本结构"。

布鲁纳的认知结构理论深受皮亚杰认知论的影响，同样认为认知结构是通过同化和顺应及其相互间的平衡而形成的，两者的主要区别在于：皮亚杰认为认知结构是在其他外界作用下形成并发展起来的，而布鲁纳则强调认知结构对外的张力，认为认知结构是个体用来认识周围世界的工具，它可以在不断地使用中自发地完善起来。布鲁纳主张学校的教学工作主要是帮助学生掌握基础学科的知识，并以此为同化点来完成知识结构的更新，促使学生运用新的认知结构来完成对周围世界的感知，这就是有机体智慧生长的过程。布鲁纳主张传授给学生学科的基本结构，主要是让学生掌握概括程度较高的概念或一般原理，有利于学生对新知识的同化和顺应。

（三）奥苏伯尔的认知同化学习理论

奥苏伯尔是美国认知心理学家，与布鲁纳一样，同属认知结构论者，认为"学习是认知结构的重组"。奥苏伯尔既重视原有认知结构（知识经验系统）的作用，又强调学习材料本身的内在逻辑关系，认为学习变化的实质在于新旧知识在学习者头脑中的相互作用，那些新的有内在逻辑关系的学习材料与学生原有的认知结构发生关系，进行同化和重组，在学习者头脑中产生新的意义。奥苏伯尔的观点主要有以下两点：

1.关于知识的同化

奥苏伯尔学习理论的基础是同化，即学习者把新知识纳入已有的图式中去，从而引起图式量的变化。他认为学习者学习新知识的过程实际上是新旧知识之间相互作用的过程，学习者必须积极寻找存在于自身原有认知结构中的能够同化新知识的停靠点。他指出，学习者在学习中能否获得新知识，主要取决于其认知结构中是否已有了相关的概念（即是否具备了同化点）；教师必须在教授新知识之前了解学生已经知道了什么，并据此开展教学活动。奥苏伯尔按照新旧知识的概括水平及其相互间关系的不同，提出了上位学习、下位学习和并列结合学习三种同化方式，它们分别指学习者将概括程度处在较高、较低和相似水平的概念或命题，纳入自身认知结构中原有概括程度较低、较高和相似水平的概念或命题之中，从而掌握新的概念或命题。

2.关于有意义学习和接受性学习

奥苏伯尔将认知方面的学习分为机械学习与有意义学习两大类。机械学习的实质是形成文字符号的表面联系，学生不理解文字符号的实质，其心理过程是联想。这种学习在两种条件下产生：一种条件是学习材料本身无内在逻辑意义；另一种条件是学习材料本身有逻辑意义，但学生原有认知结构中没有适当知识基础可以用来同化它们。有意义学习的实质是符号所代表的新知识与学习者认知结构中原有的观念之间建立"实质性的"和"非人为的"联系。有意义学习的过程就是个体从无意义到获得意义的过程。这种个体获得的意义又叫心理意义，区别于材料的逻辑意义。所以，有意义学习过程也就是个体获得心理意义的过程。有意义学习是奥苏伯尔学习理论的核心。

奥苏伯尔不仅从学习的内容和学习者已有的知识经验之间的关系角度，把人类学习分为机械学习和有意义学习，还从学习方式的角度，把学习者的学习分为接受性学习和发现性学习。接受性学习的特点是教师将学习的内容以定论的形式传授给学生。对学生来说，学习是被动"接受"知识的过程，教师不要求学生主动去发现什么，而只要求他们把学习的内容内化为自身的知识，因此学生并能在恰当的时候把知识提取出来加以运用。发现性学习的特点是教师不直接把学习内容教给学生，而是让学生自己去发现这些内容。对学生来说，学习的主要任务就是发现，然后再将发现的内容加以内化，成为他们自身的知识。

四、人本主义学习理论

人本主义是在20世纪60年代初出现的一种重要的心理学和教育学思潮，其主要的代表人物是美国社会心理学家马斯洛（Maslow）和罗杰斯（Rogers）。人本主义既反对行为主义把人等同于动物，只研究人的行为而不理解人的内在本性，又批评弗洛伊德（Freud）只研究神经症和精神病人，不考察正常人心理，因而被称为心理学的第三种运动。人本主义学习理论根植于自然人性论和自我实现论的基础之上，其主要观点有以下几点。

（一）自然人性论与需要层次理论

人本主义者坚持自然人性论，反对社会人性论。他们认为，人是自然实体而非社会实体，人性来自自然，自然人性即人的本性。例如，马斯洛认为，自然主义的心理价值体系可以从人自身的本性中派生出来，而无须求助于自身以外的权威；凡是有机体都具有一定的内在倾向，即以有助于维持和增强机体的方式来发展自我的潜能；人的基本需要都是由人的潜在能量决定的。

人本主义者认为，自然人性不同于动物的自然属性，人具有不同于动物本能的"似本能"。马斯洛于1943年提出需要层次理论，他将人的本能需要由较低层次到较高层次依次分为：①生理需要。这是人类生存最基本、最原始的本能需要，如摄食、喝水、睡眠、求偶等。②安全需要。安全需要是生理需要的延伸。人在生理需要获得适当满足之后，就产生了安全的需要，包括生命和财产的安全不受侵害、身体健康有保障、生活条件安全稳定等。③社交需要。社交需要是指感情与归属上的需要，包括人际交往、友谊、被群体和社会接受及承认等。④尊重需要。尊重需要包括自我尊重和受人尊重两种需要，前者包括自尊、自信、自豪等心理上的满足感，后者包括名誉、地位、不受歧视等满足感。⑤自我实现的需要。这是最高层次的需要，是指人有发挥自己的能力与实现自身的理想和价值的需要。后来，马斯洛在尊重需要和自我实现需要之间又补充了求知和审美两种需要。

（二）自我实现论与内在学习论

人本主义者认为，人的成长源于个体自我实现的需要，自我实现的需要是人格形成、发展、扩充、成熟的驱动力。马斯洛认为，所谓自我实现的需要是"人对自我发挥和实现的欲望，也是一种使他的潜力得以实现的倾向"。人格的形成源于人性的这种自我压力，人格发展的关键在于形成和发展正确的自我概念。

人本主义者认为，学习是个人潜能的充分发展，是人的自我实现，是人格和人性的形成与发展过程。马斯洛曾指出，学习的本质是发展人的潜能，尤其是那种可使人成为一个真正的人的潜能；学习要在满足人的最基本需要的基础上，强调学习者自我实现需要的发展；人的社会化过程与个性化过程是完全统一的。因此，他把"自我实现"作为教育的最终目的，认为教育在根本上就是为了开发潜能、完善人性、使学习者成为完整的人。

"内在学习论"或"内在教育论"是马斯洛在批判传统"外在教育"或"外在学习"的基础上形成的。他认为，传统教育是外在教育，视学生为机器或动物，一味强调外在知识的灌输，丝毫不顾及学生的需要和内在的价值选择，完全剥夺了学生主动学习、自主选择的自由，忽视学生内在价值的自我实现过程。这些问题使教育成为一种不重视人、不把人当作人、脱离价值的机械过程，必将严重阻碍学生人格的健全发展。因此，他提出了一种以人的发展为中心的"内在学习"，即学生依靠内在驱动，充分开发潜能，达到自我学习的目的。内在学习是一种具有自觉性、主动性、创造性的学习模式，它是由"自我实现"的教育目的所决定的。

（三）有意义的自由学习观

有意义学习指的是一种能使个体的行为、态度、个性以及个体在未来选择的行动方针发生重大变化的学习。罗杰斯的有意义学习和奥苏伯尔的有意义学习是有区别的：前者关注的是学习内容与个人之间的关系；而后者则强调新旧知识之间的联系，只涉及理智，不涉及个人意义。罗杰斯的有意义学习以学生的经验为中心，以学生的自发性和主动性为学习动力，融合了学生的愿望、兴趣和需要，使学生以积极投入的方式参与到学习当中。罗杰斯认为，如果让学生自己去学习，他们学习速度快且不易遗忘，并具有实际意义。而当用一种只涉及理智的方式来"教"他们时，情况就不同了，因为后者不涉及个人意义，只是与学生的某个部分（如大脑）有关，与完整的人无关，所以学生不会全身心地投入这种学习中去。罗杰斯对传统教育持激进的批判态度，他认为课堂学习中的很大一部分内容对学生来说是无个人意义的。此外，传统的学校教育把学生的身心分开了，学生的心到了学校，躯体与四肢也跟着进来了，但他们的情感与情绪未得到自由表达。这种教育只涉及心智，而不涉及情感与个人意义，是一种"在颈部以上发生的学习"，与完整的人无关。

自由学习是罗杰斯所倡导的学习原则之一。他从人本主义的学习观出发，认为凡是可以教给别人的知识，相对来说都是无用的；能够影响个体行为的知识，只能是他自己发现并加以同化的知识。因此，教学的结果如果不是毫无意义的，那就可能是有害的。教师的任务不是教学生学习知识（这是行为主义者所强调的），也不是教学生如何学习（这是认知主义者所重视的），而是为学生提供各种学习的资源，提供一种促进学习的氛围，让学生自己决定如何学习。罗杰斯对传统教育中教师的角色问题进行了猛烈的批判，认为在传统教育中，教师是知识的拥有者，而学生只是被动的接受者；教师可以通过讲演、考试甚至嘲弄等方式来支配学生的学习，使学生无所适从；教师是权力的拥有者，而学生只是服从者。因此，他主张废除"教师"这一角色，以"学习的促进者"代之。

第二节　自主学习模式与传统英语教学模式的比较

一、自主学习模式

（一）自主学习理念

1. 自主学习理念的内涵

对于课堂教学来说，学生是主体，教师则扮演着组织者和引导者的角色。对于自主学习来说更是如此。教师在设计教学活动和选择教学内容的过程中要尊重学生的兴趣和想法，将激发学生的学习兴趣放在第一位，然后再开展后续的课堂教学。目的是在这一过程中更好地加强学生的自主探究意识以及课堂参与热情，帮助学生积累更多的学习经验和学习技巧。除此之外，适当开展自主教学，对于教师的工作来说也有一定的帮助和改善，可以明显减轻教师的教学压力，更在一定程度上拉近师生之间的情感关系，有助于实现师生共同进步和成长。

2. 自主学习理念的发展

从20世纪60年代开始，西方国家的教育学者就开始系统研究自主学习理论，最终形成了自主学习的概念。比如，学者霍莱茨（Holec）就将自主学习概念融入非母语教育。从这个时候开始，国内外很多学者都对母语和非母语的自主学习展开研究，取得了丰硕的成果。

从20世纪80年代开始，国内学者开始系统研究自主学习理论，并且在实践方面更加重视自主学习。他们研究的主要目的就是结合我国的基本国情，探究出高效自主学习和有效解决问题的方法。

3. 自主学习理念的意义

现代大学生需要注重自主学习，以培养学习能力，快速高效地掌握理论和实践知识。学生在自主学习的过程中会不断地思考，这样可以充分发挥学生在学习中的主观能动性，使学习方法更加高效。所以，现代学生要想掌握自主学习能力并且适应当今高速发展的学习型社会，唯一的方法就是不断地进行自主学习。

（二）自主学习模式概述

1.国内自主学习教学模式分析

我国对自主学习理论的研究在20世纪70年代末达到了高潮，很多专家学者以及一线的教育者都参与其中。因此，在20世纪80年代初，自主学习的教学研究取得了丰硕的成果，为教育教学增加了丰富多彩的教学和学习模式，从而培养和发展了学生的自主学习能力。例如，中科院心理所研究员卢仲衡先生的自学辅导法，强调教师进行教材的编写和整理，而学生根据教师编写的教材内容进行自学。在自学的过程中教师向学生提供支持和辅导，对学生遇到的问题进行启发并教授解决问题的方法；而学生在教师的引导和自主探索中完成学习，充分地调动和发挥自身的积极性，同时也充分地展现出教师的主导和学生的主体作用。因此，这种方式是将集体教学和个别教学相结合的一种形式。华东师范大学庞维国教授的自主学习教学指导模式，是在国外以及国内的自主学习理论和自主学习教学实践的研究基础上，通过系统地整理和分析总结出一套适用于多种学科课程教学的自主教学指导模式。

通过以上对国内自主学习教学模式的分析，可以知道在自主学习的过程中要注重三点：第一，教师和学生都有其相应的责任，双方都要积极地调动出自身的积极性共同参与到课堂教学中。第二，教师和学生在自主学习的过程中强调学习兴趣的激发、学习目标与计划的设定、自主探索的方法与策略的选择应用。第三，教师和学生在学习过程中进行自我监控并对自主学习进行反思和评价。将这几部分不断地进行融合、整理和分析，最终形成一套符合教学实践应用的自主学习教学模式。所以在以后的教育教学中，教师要有意识地引导学生开展自主学习，并教给学生学会学习的方法，让学生充分地挖掘和发挥自身的潜力，让被动学习变成想学和乐学，促使学生成为学习过程中真正的主人，让学生不断地提升和完善自身的学习能力。

2.自主学习模式的特点

（1）立体化、多样化、个性化

自主学习不但在时间、空间上给学生提供了极大的便利，而且让学生在符合自己需要的条件下充分地利用学习资源。网络以自身的优势给学生提供了多层次、多维度的情境。教师可以结合多媒体技术，以图、文、声、像并茂的形式创造出各种生动的学习情境，综合刺激视、听、说多种感官，能高度调动学生的兴趣，有利于学生对知识、技能的获取和长时记忆。这方面的优势对有着高强度、大量记忆特点的英语学习非常有利。教师要尊重学生个性差异，实施个性化教学策略，重视学生的英语语言认知个性差异，帮助学生根据自己的实际情况选择适合自身的学习策略，并鼓励学生不断努力和坚持学习，从而提高学习效果，使学生成为真正的自主学习者。

（2）以教师为主导，以学生为主体

学校开展自主学习，虽仍要树立以学生为中心的教学理念，但也绝不意味着完全脱离教师的管理。实际上，教师在整个教学过程中要充分发挥其主导作用。没有教师的帮助，学生容易被网络中浩如烟海的信息淹没，感到茫然无助，同时会被网络的娱乐性吸引，浪费大量时间。教师的作用应该是帮助学生利用网络平台进行知识建构、分析个体差异、监控学习过程、引导学习、评估学习成效等。

3.自主学习教学模式的构建原则

（1）以优化学习与培养信息素养为根本宗旨

教师在开展学习活动的过程中要谨记学习活动的本质与根本目的。本质与目的是学习活动的向导和保障，因为有了这二者学习活动的开展才不会发生偏移，也确保了学习活动的意义和培养的目的，同时以优化学习过程和学习效果为中心来开展学习活动。因此，教师在自主学习的过程中要注重并有意识地激发学生的问题意识、多元化的思维、解决问题的能力以及合理科学地应用学习的方式、方法等，从而开展优化学习活动并产生优化学习效果。优化学习过程其实也培养了学生所应必备的信息素养，比如，信息意识、计算思维、数字化创新能力、信息道德与责任等。因此自主学习教学模式要避免学习活动的"空""缺""粗"。

（2）开放学习与统一评价体系相结合

教师在开展学习活动的过程中使用匹配的实施模式与评价体系，既要注重学生的自主学习、自由创造、自愿参与、自我评价，也要重视教师的具体指导与教育领域，根据统一的考核标准对学习活动进行检测。因此，在应用或者构建自主学习教学模式时，教师要注重学生的主体地位，根据学生的需要和发展来进行教学，而不是拘谨于教师的安排。同时教师在学生学习的过程中要根据学生的学习情况和操作过程，从多方面、多角度、多层次对学生进行全面评价，不拘谨于成绩，侧重学生的发展情况，从而进一步引导和促进学生的可持续性发展，更好地培养学生的核心素养和自主学习能力。

（3）任务驱动与激励相结合

教师在开展教育教学活动时，既要注重学习任务的设计与布置，也要注重学生的主动性与思维能力，培养学生分析、解决问题的能力以及创新精神；既要重视学习结果，也要重视学习过程，注重学生在实践中的体会和感悟，培养学生亲身参与的实践能力；既要追求知识与技能的掌握，也要追求学生创新意识等心理素质的培养，培养学生获得多种能力，同时促进其多元化、综合化发展；既要运用接受性学习，也要加强理解性学习，培养学生合理应用自身的直接和间接经验，从而获得相应的知识、技能、情感、价值观等。同时充分地激发学习的外在驱动力与内在驱动力，使两者共同发挥作用，呈现出最优化的学习效果和质量。因此，在自主学习的过程中教师要注重对任务的选择和制定，让任务多元化、多角度、多层面，从而使任务能够更好地服务和促进学生的发展及学习。

（4）理论学习与实践活动相结合

自主学习的学习内容是双重性的，既有理论又有实践。教师在教学活动中让学生对两者进行体会、感悟和融合，充分地发挥学生的潜能，展现其自身的特色。这也要求教师在教学中既要在较难理解的理论知识上开展教学，也要在实践中给予学生更多的活动空间和时间，让学生在实践中感知、体验并应用理论知识，在实践中检验理论，最终将理论与实践融合产生新知识和技能，从而培养学生的创新能力、自主探索能力和学习能力。

（5）个性发展与师生互动相结合

自主学习活动要以学生为主体，充分地展现出学生主人翁的姿态。教师应根据学生自身的情况如认知水平、操作技能、情感价值观等进行学习活动的设计，合理地进行分配和调整，应用熟练的学习策略，从而达到学习效果的最优化。同时，在教育教学中，教师充当着指导、鼓励、引导的角色，及时地对问题进行分析、思考和解决，确保学习活动的有效开展。教师在活动中强调协作学习，让学生在遇到问题和困难时能够相互帮助。学习活动本身就包含了探索、协作、交流，学生之间通过探讨和分析解决困难，实现共同进步和发展，成为彼此的指导者和鼓励者。

4.自主学习模式的初步构建

（1）确定项目主题

自主学习模式在"教"与"学"上都要依托综合实践活动课程的教育理

念，强调学生能动地充分运用各学科知识、技能，提出、分析和解决生活中存在的一些问题，从而发展自身的核心素养、综合素质、实践操作和创新能力，以满足社会和自身发展的需要。项目学习强调自主探究、多学科知识的融合、突出创新能力和实践操作能力等，可以促进学生多方面、多元化、综合性的发展。

项目主题活动的开展并不是盲目的，是有一定要求和范围取向的，要结合学生的需要、生活的环境氛围、课程要求等来进行。因此，在教学中开展项目主题活动时要注意以下两点：

①依托综合实践课程中教育部首推的主题来进行。根据学生发展阶段创设匹配的信息技术课程项目主题，结合学校自身的硬件和软件环境及特色，进行相关的信息技术学科的搭建，从而教授具有动态新潮的教学内容，应用相应的软件、技术和工具来解决生活中的实际问题。

②依托学生熟悉的生活环境和事物来进行。所有的"教与学"最终要回归到生活中，所以项目主题的确定要依托生活，让学生能够充分地和生活相融合。根据生活中的体验、感受和需求来进行项目主题的设计，从而激发学生应用自身的能动性和独特性，对主题进行思考、提问、分析、解决等，真正做到应用技术解决问题和服务生活，同时培养学生的信息意识，凸显学生的动态变化和个性发展倾向，提高学生的学习兴趣，提升学生自主构建知识和技能的能力。

（2）创设情境

创设情境是现在教学应用最多的一种教学方式，是指将学习者的所有经验进行联合、引导和渗入使之能够帮助自己更好地掌握学习知识。因此在创设课堂情境时要注重两点：

①以学生熟悉的环境为主，引入学习。为学生的创作学习提供真实的环境和氛围，进而降低学生对学习的陌生感和恐惧感，贴近学生的实际生活，让学生在不知不觉中开展学习。同时熟悉的环境会让学生具有相同的生活经验，从而更易调动学生的各种感官，为学生开展自主学习、探究和解决问题提供更多的机会。

②以激发学习兴趣为主，开展学习。学生根据多样化的活动方式和多元化的内容，有效地激发自己的学习兴趣和活动意识，在活动的过程中充分发挥自身的能动性，对相应的知识和问题进行思考、分析，同时结合自身的特性和需要进行新知的构建。因此，教师要创设有趣、有意义的情境，促使学生充分发挥自身的特色和能力，吸引学生进行有效的活动，激发学生的学习兴趣，充

分地让学生体会到学习的乐趣所在,以及让学生主动、积极地开发和应用自身的多种感官功能去探索、去学习。

（3）制定学习任务

课堂教学中有很多的知识和内容需要展示,教师以发布任务的形式,促使师生共同进行探讨和学习。以任务为向导,学生根据任务开展自主学习和探究,避免对重点知识的遗漏,减少在学习过程中的散漫状态,明确这节课需要掌握的知识点。

由于学生具有独特性和动态变化性,所以在课堂教学中任务不是一成不变的,而是多样化、开放化和生成化的。学生根据相应的学习目标,结合自身的能力从多角度、多层次、多结构自主思考并确定、探究、解决相应问题,从而达到学习目标和效果。因此学生学习任务的制定和发布不是单一的而是多元和发散的。教师需要在课堂教学中布置多元化的任务,使学生不受现有固定内容、方法的限制拓展扩散性的思维；从多种任务和方案中去探索和选择,彰显出任务的层次性、弹性,以便于学生充分地发挥出自身的特色和潜能,凸显出独特性和新颖性。同时应用新知和旧知来解决问题,从中进行新的建构和创新,展现出学生的想象力、思维力的灵活性,培养学生的创造力、发散性思维,从而促使学生进行有意义的自主学习。

（4）自主探究

自主探究学习强调学生是课堂的主人,教师要引导学生发挥其主观能动性,同时提供学生展现自身潜能的空间和时间,促使学生调动自己的各种感观功能主动地去进行学习并掌握相应的知识和能力,进行新旧知识体系之间的转换和建构。在自主学习的过程中,学生对自己要开展的学习内容进行全面的思考和分析,从而确定学习内容的开展顺序、学习目标、应用工具、要掌握知识点和最后达到的效果等。通过自主有效的学习完成相应的学习内容和任务,学生可以进一步搭建和完善自身的自主学习体系。因此,在开展自主学习时要注意以下三点：

①归纳自身学习目标。课堂教学是根据教学具体的活动、内容和标准以及相匹配的目标来开展的,而教师和学生也是据此进行"教"与"学"的。教师是主导、学生是主体,强调课堂回归到学生手中让学生充分发挥其主观能动性,让学生能够充分思考"要学习的内容、怎样进行学习、此阶段学习应达到的效果和程度等",有一个非常完整清晰的认知。归纳自身的具体学习目标能够促使学生在教学中掌握相应的静态知识以及要进行的相应动态活动,同时从中感受和体验到不同的、丰富有趣的情感。因此,学生根据教师提供的学习主

题框架和内容，自主地再次进行细化和确定，明确学习的方向以便于更加快速地达到学习的目的。

②细化主题、制定个性流程及延伸新知。每一位学生对主题的选定和呈现的想法都是不一样的。所以在确定和进行主题的"前""中""后"，学生根据自身的能力和想法将主题进一步分化，并依据具体的活动内容、自定的活动目标和任务，从不同的角度和方式进行提问、思考、探索，从而自主制定相匹配的主题内容方案和流程计划，以便于达到最终的学习效果。主题中的内容和方法不是固定的而是动态化的。学生可以在此动态化的过程中捕捉所生成的有价值的知识和内容，从而在现有的知识内容基础上延展出新知，并将新知与旧知进行转换和建构，开启新的探索和学习。

③合理运用多种学习方式和资源。学习是时时刻刻都在进行、遍布在各个地方的，也就是"处处皆是学"。学生依托学习资源根据自身的知识、内容、技能等需要，自主地进行学习从而完成自身确立的学习目标，并根据自身对新知的需求，依托学习资源进行再一次的学习，从而解决学习的困惑，为新知的建构助力。在学生围绕学习目标开展自主学习时，教师要引导学生充分地利用和开发身边的各种学习资源，并从中找到和收获与自身学习需要的内容、知识和技能等，尽可能地从身边的一切文化环境中获取有效的学习资料。

因此，教师在日常的教育教学中要有意识地培养学生利用学习资源进行学习的意识，同时为学生提供一切学习资源。学习资源有很多，教师要对学生进行提示和强调，让学生学会选择和筛选学习资源从而获取关键有效的学习资源。

（5）作品交流和反馈

作品的交流和反馈是学生学习成果的外显展示和内隐思维能力的体现。作品交流和反馈让生生和生师之间产生思想的碰撞，激发学生在实践中的能动性、潜力和创新力，检验学生是否达到学习效果、目标和掌握相应知识、能力、技能等，以便于教师进行记录和引导，促进生生之间的交流和学习，让学生在交流和反馈中不断地完善和提升自己。

由于学生和教师都具有独特性，所以二者在进行交流和反馈时会呈现出不同的想法，从而促使学生在现有的项目内容学习中产生新的想法和学习内容，在旧知上搭建新知，也就是产生"迭代式"学习。"迭代式"学习环节可以展现出学生的优势和成果，让学生在现有的能力上进行拔高。同时教师要紧紧地抓住这一环节，更好地了解学生，利用学生不同的优势进行引导和激励，凸显出学生自身的特色和学习能力，让学生更好地发挥出自身的潜能和创新能力。

（6）多元化的评价

评价是为了更好地促进学生多元、全面的发展，掌握相应知识和内容。因此，评价不是从单一角度进行辐射的，也不是从静止的一面开展的，更不是从单一主体出发的，而是从多维度、多层面、多角度依托着综合实践活动的标准原则来进行的。多元化的评价可以促进学生综合素质可持续性的发展。

因此，在课堂教学中，教师要本着以全面和长期发展为导向来进行评价，要善于应用多种评价方式对学生进行评价，除了自己进行评价外，还可以采取生生评价、作品评价等，通过应用以上评价方式为学生建立成长档案袋，对学生的成长进行记录、观察，分析等，以便于对学生的综合素质进行科学化的分析。不同的评价方式促使学生完善自主学习方式，让学生激发自身潜能、创新意识和能力，并培养和发展学生的核心素养，使学生不断提升和完善自己的学习能力。

二、自主学习模式与传统英语教学模式对比

（一）传统英语教学模式的优缺点

1.传统英语教学模式的优点

20世纪之前，我国的英语教学方法基本上是讲授法。教师对文本采用翻译的方法进行讲解，力图让每一位学生掌握每一个词、每一句话、每一段话，并要求学生对课文进行朗读，甚至是背诵。英语界的许多专家和学者以及一线教师都是传统英语教学法的产物。他们词汇丰富，语言基础扎实，读写译功底深厚，他们的成就与传统的教学方法不无关系。在传统英语课堂教学中，教师可根据学生的实际水平因材施教，及时调整、更改或筛选教学内容；教师也可根据学生的表情和反应随时调整授课方式，这样有利于教师了解学生的接收情况。

2.传统英语教学模式的缺点

目前，很多学校仍然采用"教师讲、学生听"的课堂教学模式。这种模式以课堂教材、教师为中心，以教师为主导。鉴于班级学生人数多，时间限制，教学内容多，一般情况下，教师会在整堂课上从头讲到尾，很少会用一些启发式、探究式的教学方式与学生进行互动。教学手段单一、教学过程比较机械、

教学内容往往会脱离真实的语言环境，不利于提高学生学习英语的积极性。

（二）自主学习为主的英语教学模式优缺点

1.自主学习为主的英语教学模式优点

互联网的普及使网络学习已成为当代学生在日常学习和生活中最常用的方式。自主学习为主教学模式的好处不言而喻，首先，时间上不受约束，网络为学生提供了自由的学习时间，使学生也可以反复学习。目前，市场上的英语教材和网络平台都比较成熟，内容比较适合学生的需要和学校培养的要求。其次，网络平台除了提供教材内容外，还为学生自主学习提供了丰富的学习资源，拓宽了学生的视野。这样教师也比较易于监控学生的学习进度和学习效果。

2.自主学习为主的英语教学模式缺点

学生刚开始接触到这一教学模式时有一种新鲜感，他们乐于使用手机和电脑进行学习。随着时间的推移，问题也随之出现。许多学生对这种方式不适应，他们把网络课程的学习演变为传统的课堂听讲，并未认真实践，不重过程，只看结果。有的学生甚至会采用一些舞弊的方式应付检查。学生有效学习时间不多，学习时间利用率低，学习质量无法保证，所以教师难以获取学生自主学习的真实情况。

通过上述对比分析，传统英语教学模式和自主学习为主的英语教学模式各有利弊。传统模式下的课堂教学和自主学习模式应该有机结合，不可拘泥于传统模式，也不适合完全放任式的自主学习模式。虽然学生受传统教学的影响过深，已经习惯被动学习，很难改被动为主动。但课堂依然是学生学习语言知识和语言实践的重要场地。因此课堂教学不仅要扩展学生的语言知识，加强和提高学生的语言应用能力，还要帮助学生养成良好的学习习惯和自学能力。

第三节　基于自主学习的英语写作课教学优化

一、基于自主学习的英语写作课教学策略

从英语写作的教学思路来看，学生自主学习能力培养主要从三个方面着手，分别为词汇、句法和篇章。

（一）词汇教学

学生在记单词的时候，普遍反映的问题是单词记不住或者记住的单词在考试的时候根本不能结合语境使用。所以，教师在梳理语言、声音和画面的时候，要将正式、一般和口语词汇区分出使用场合，只有这样，才能让学生真正理解这三种场合词汇的使用场景，从而正确运用这三种场合的词汇。在词汇学习过程中，图片、声音和词汇联系在一起能够更加直观地体现词汇的具体内涵，从而更容易被学生记住。但是，在结合图片进行词汇教学的过程中，教师要根据单词的不同选取合适的图片。只有学生的词汇量达到一定程度并且词汇输入正确，在写作的过程中才会有有效的词汇输出。只有确保有效的输出，学生才会在学习的过程中更加自信。

（二）句法教学

教师在教授学生句法时，可以根据实际情况研究出相应的句法场景，以帮助学生掌握句子在具体场景中所具有的作用或功能，感受不同的句式能表达什么内容、达到什么交际目的以及所应用的对象和在什么场合下使用。教师要把课堂做成实地演练，让学生利用已有的知识和经验学习新的知识，将学生引入不同的语境中，让句法生成新的含义。课堂中教师还可以使用图片，让学生更充分地了解词汇、句型所在的语境，对句法特征、典型搭配和意思有更深入的了解。学生只有熟练地掌握所学的句法、词汇等知识，并且能够灵活地运用，他们的学习热情和主观能动性才能够被激发。

（三）篇章教学

教师在给学生讲课前，可以先在网上选取原材料，分析其中的篇章结构，让学生掌握文章的构成、脉络以及大意，特别要注意文章的连贯方式。纸质版的教科书主要还是传达一些知识和信息给学生，而建立人际关系或者构建语篇结构则是纸质教科书的短板。

所以，教师要在了解学生的基础之上因材施教，让学生能够在学习中充分地发挥主观能动性。同时，教师也可以通过生动的画面和动听的声音吸引学生注意力，提高他们的自主学习能力；还可以播放英语国家的真人对话或者音乐来让学生融入语境。这样学生就可以在网络中感受真正的英语交际环境，在一定程度上也可以提高学生的写作水平，进而提升他们的写作能力。在真实的课堂当中，教师也可以结合视觉、听觉、手势和其他表达方式，让学生理解文字的意义，调动学生的积极性，让学生真切地感受在英文语境中单词和句子的真正含义。另外，在写作教学过程中，教师也可以将声音、图像和语言相结合，创设更加真实的场景，让学生更容易理解写作当中词汇的真正含义，从而提升自己的写作能力。

二、提升自主学习质量的策略

（一）充分发挥学生自主学习能力

学生应在日常学习中积极使用英语或者在课上学习中积极使用英语交流。英语作为语言课程，"说"是学习该课程过程中非常重要的环节。在此基础上，学生应主动地将课堂学习中掌握的单词或者语法应用到日常写作中，在完成当日学习任务的基础上，通过写作培养自主学习能力。教师在课堂授课中应主动积极发挥课堂引导作用，可通过各类英语学习资源强化对学生自主学习意识的引导，提升学生主动学习的能力。

（二）重视课前导入环节

课前导入环节在各学科授课过程中均占有重要地位，或者说，设置了课前导入环节的教学课堂在一定程度上效果更好、质量更高。在英语课堂授课过程中，课堂导入环节尤为重要。传统的英语课堂之所以授课氛围整体枯燥乏味，是因为在课堂授课的开端无法将学生吸引到课堂活动中来，很多学生对枯燥的英语课堂授课形式无所适从。所以，英语教师应在英语授课开始前设置课堂导入环节。具体的导入措施如下：

第一，充分借助多媒体教学工具，激发学生学习兴趣。此措施对英语教师的备课质量要求较高，教师应在课堂准备中充分发掘课本内容中包含的事件、人物或者文化思想等，寻找适合课前导入环节使用的图片、影像资料或者音频资料。在这个环节中，英语教师务必要注意所选内容不应娱乐化，即图片、影像或者音乐应紧扣书本内容，不能使学生在导入环节中失控，影响后续教学环节。

第二，实施情境化导入，充分调动学生自主学习思维。具体来讲，很多英语课程内容与实际生活联系紧密，例如，市场分析、衣服买卖或者厨房工具等。英语教师可在课前导入环节中描述包含此类物质的生活化场景，结合自身生活经验，将学生带入具体的生活化场景中，使学生可依据自身生活经验自主思考与学习，加深对本节课授课目标的理解，为后续学习做准备。由于师生存在"代沟"，教师的一些生活习惯以及生活物资与学生的区别较大，布设生活化场景时容易出现"景人不符"的情况，所以，教师布设的场景不能脱离学生的日常生活实际。总之，课前导入环节可调动学生学习的积极性，使学生自主参与到课堂学习中进而跟随教师的讲课节奏进行自主学习。

（三）明确分层式教学理念的核心思想

学生的自主学习性需要英语教师在课堂中积极调动，但由于现行大班制教学方式的限制，英语教师明显无法带动全班学生，此时教师可应用分层教学法。分层教学法旨在培养学生的自主学习能力，提升班级整体授课质量。具体做法为：先不考虑学生成绩，依据学生的学习习惯进行分层。有些学生成绩很好，但学习习惯有待改正；有些学生学习成绩差，但学习习惯较好。在分层教学时，依据学习习惯将班级分成四组，每组设置小组长（一般来讲，小组长学习习惯较好），小组长的任务为检查组内学生的英语作业完成情况，并及时记录，必要时可对作业情况不好的同学给予指正。此外，每两组会推选出一名大组长（大组长一般成绩较好，学习习惯也较好），大组长负责收发各组的作业，并及时统计作业完成情况，及时上报给英语教师。

分层教学法一方面可将英语个性化教学落实到具体学生中，使学生及时收取有效反馈；另一方面可以充分调动学生自主学习性，使其学习有计划、作业有监督。此外，教师可依据课程的具体内容分层，即讲授内容分为前、中以及后三个阶段。前期授课过程以引起学生学习兴趣为主，教师布设相关情境，引导学生加入课堂学习中。中期授课过程以激发学生自主学习欲望为主，教师通过增加课程内容，讲解必背单词以及语法，提升学生的英语感知能力，并通过举例进行具体的情境对话。一般情况下，教师会要求学生之间进行对话，教师在一旁进行指导，将自主学习权还给学生。后期授课阶段主要关注班级中的"后进生"，教师通过积极的沟通与交流，明确此类学生的具体问题，适当给予引导与关注，培养学生自主学习积极性。

（四）正视师生角色定位

在过去的一段时间里，英语课堂教学忽视了学生的主体地位，错误地将教师作为课堂主体。教师具有绝对的权威性和主导性，导致学生没有话语权从而失去自主思考和自主探究的机会，只能被动地听从教师的安排。随着教育事业的不断发展，人本主义理念逐渐渗透到了英语教学中，"以学习者为中心""以学习为中心"的理念随之诞生，在教育界引起了极大反响。

因此，教师由传统的主导者逐渐演变成引导者、组织者、评价者；学生则由原本的实施者演变为计划者、学习者和自我评价者。师生双方都要认清自己的角色定位，纠正思想观念中的错误内容。教师要具备服务意识，学生要具备主动意识。

除此之外，教师必须真正意义上做到尊重学生的想法和观念，坚持公平、公正、透明的原则，平等对待每一个学生，面对学生的错误和问题适当予以指正和引导。这样才能更好地激发学生的英语学习热情。

（五）激发学生自主学习兴趣

对于课堂教学来说，学生才是课堂的主人，因此教师必须注意为学生提供更多表现机会，为其创造自主学习的平台。在完成核心概念知识的讲解之后适当做"留白"处理，给学生留出适当的空间来进行自主学习。这样才能充分发挥出学生的主观能动性，让学生积极主动地参与到课堂英语学习中来并积极参加英文演讲、英文故事、英文演唱等各种活动，更好地提升学生的自主学习能力。

（六）分析学生实际需求

不同的学习者会表现出不同的学习风格。因此，在实际教学中，要想从根本上保证课堂教学效果，教师必须对学生进行全面分析，了解学生的根本需求，承认和尊重学生的个性化差异。学生自主意识较强，存在十分明显的个体化差异，彼此之间的英语水平和学习目标也存在一定的差异。一些学生认为期末考试最重要，另一些学生则将英语作为未来职业规划中的自我增值"砝码"，还有一些学生仅期望拿到文凭即可。因此，教师在实际教学过程中必须做好学生的条件分析，根据学生的个体化差异帮助其制订有针对性的学习计划，避免"一刀切"的现象。然后在此基础上利用信息技术来丰富英语自主学习资源，选择符合学生实际能力的练习材料，比如，英文广播、英美剧、外国动画等。营造良好的教学情境，让学生在音、视频中了解相关概念知识，激发其语言表达热情。

（七）培养学生自主学习习惯

在平时的自主学习过程中，教师要从阅读、听说、读写等多方面培养学生的良好学习习惯，鼓励学生遇到问题积极自主查询资料，找到正确答案。引导学生善于从细微之处来分析和挖掘语言文化中的内涵信息和重难点内容，并利用各种网络学习平台制定一些课后练习内容；要求学生利用课余时间自主完成教师布置的学习任务，并在线点击提交，教师则进行在线评阅和总结。通过不定期的练习，学生可以在潜移默化中养成良好的自主学习习惯，并逐渐实现语言技能和应用能力的有效提升，为以后的学习、工作与发展奠定良好基础。

（八）营造良好的自主学习氛围

要想保证自主学习的高效性，学习氛围的营造发挥着重要作用。随着信息技术在教育实践中的广泛应用，教师也要有意识地灵活应用各种新媒体平台帮助学生营造良好的自主学习氛围，并在此基础上提高自主学习效果。具体手段如下：

①不定期在线开展英语协会"自主学习互助营"等活动，让学生在参加活动的过程中收获良好的学习体验。

②定期利用学校微信公众号和官方微博来推送有关英语学习方法的内容，分享一些自主学习成功案例，以此来激发学生的参与热情，丰富学生的学习经验；并鼓励学生积极在网站上交流和分享，营造良好的自主学习氛围。

③教师可以定期在线组织一些相关的语言专项训练活动，要求学生自主完成。

（九）丰富自主评价手段

要想对课堂教学过程和整体教学效果进行一个科学合理的总结与归纳，就需要用到课堂教学评价这一手段。自主评价的开展主要是为了提供反馈信息，同时多方面考量教学影响因素，方便学生更好地认识自我、提升自我。对此，在英语课程教学中，教师要积极开展课堂教学活动，鼓励学生适当进行自主评价，并及时予以鼓励和引导，让学生在提升自己的同时树立较强的学习信心。

第七章　翻转课堂与英语写作课教学优化

在传统的英语课堂教学实践活动中，写作教学一直是教学重点和难点，但教学效果不够理想。随着翻转课堂教学理念的提出，英语写作教学借助翻转课堂的辅助，能够促进英语教学活动取得理想的成效，因此有必要加强翻转课堂在英语写作课程中的应用。本章分为翻转课堂教学模式的相关理论、翻转课堂理论与英语写作教学的结合、基于翻转课堂的英语写作教学优化三部分。主要内容包括翻转课堂的相关基础理论、翻转课堂教学模式的构成要素、翻转课堂的课前准备等方面。

第一节　翻转课堂教学模式的相关理论

一、翻转课堂的相关基础理论

（一）翻转课堂的概念界定

1.国外关于翻转课堂的概念界定

国外学者对翻转课堂的概念界定主要围绕以下三个维度来进行：首先，在教学理论上，洛厄尔等学者认为，翻转课堂是对行为主义的讲授式教学和建构主义的问题式教学的独特整合。其次，在教学方式上，学者斯特雷耶（Strayer）指出，翻转课堂是计算机信息媒介教学与课堂面授教学相混合的一种教学形式，是混合学习的一种特殊应用形式。最后，在教学流程上，贝普勒等学者认为，翻转课堂将教师的"教"移至课外进行，将课内时间留给学生参与实践活动、进行交流讨论及知识的内化。

通过以上定义可以看出，翻转课堂是主要以建构主义为理论依据，将线

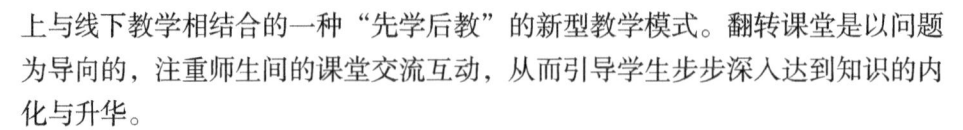

上与线下教学相结合的一种"先学后教"的新型教学模式。翻转课堂是以问题为导向的，注重师生间的课堂交流互动，从而引导学生步步深入达到知识的内化与升华。

2.国内关于翻转课堂的概念界定

国内有关翻转课堂的概念界定也可从教学理论、教学方式等维度进行分析：首先，在教学理论上，翻转课堂是使用信息技术进行知识传授的，是以学生为中心的个性化教学活动，是整合在线学习和课堂教学以期达到最优效果的教学形式。其次，在教学方法上，翻转课堂则主要指的是借助技术手段将传统课堂教学中的知识传递环节转移到课外，让课内师生通过各种教学活动完成知识的理解和内化。

综上所述，虽然国内外学者对翻转课堂的概念界定不尽相同，但都传达了翻转课堂的本质内涵。综合国内外学者对翻转课堂的定义及其自身的理解，翻转课堂必须具备以下两个因素：其一，交流互动。课前作为学生学习新知识的阶段，需要教师构建合理的在线学习空间作为支架，促进师生、生生间的交流与互动，提高学生的沉浸感；其二，合作学习。在课上通过小组协作、师生合作学习，引导学生步步深入。

（二）翻转课堂的教学功能

翻转课堂的教学系统由多个生态种群构成，包括学生种群、教师种群和教学资源种群。各种群既有独立的生态位，又相互依赖、紧密联系，在能量交互的过程中保持动态平衡。只有充分发挥翻转课堂的生态功能，才能保障教学系统的稳定运作。

1.调节功能

翻转课堂打破了传统的教学模式和生态环境，需要各生态因子（包括学生、教师、教育信息、教育媒体等）相互作用、主客体相互影响，使师生互动更加频繁。翻转课堂生态通过系统的反馈进行自我修正，不断优化，不断调节各自的状态和彼此的关系，不断获取新的平衡，促进良好学习氛围的营造以及和谐人际关系的建立。

2.滋养功能

翻转课堂犹如一个富含阳光、空气、养分和土壤的森林，为教育的主体源源不断地提供成长和发展的动力。从生态学角度来看，和谐与共生是课堂的根本属性，教师和学生的共同成长是课堂的最终目标。在传统课堂上，学生是循规蹈矩、被动接受的学习机；在翻转课堂上，学生是自由联想、积极创新的探究者。学业成绩不再是唯一的评判标准，培养终身学习能力、促进人的全面健康发展才是教育的核心。学生作为一个个鲜活的生命个体，需要丰富的情感体验和充盈的心灵滋养。良好的生态结构和生态环境有利于构建一个稳定持久的能量圈，促进生态系统的正常运行。

3.规范功能

规范的目的是促进步、促发展。规范的形态既包括外显的课堂组织行为，又包括内隐的课堂价值追求。一方面，教师要维持课堂纪律、管理活动走向、组织互动形式、监控教学过程，以明确清晰的表达方式向学生传达必须遵守的课堂规范，约束学生的行为意识，确保生态主体和客体的健康发展。另一方面，教师要营造宽松民主的学习氛围，与学生平等对话，鼓励他们积极尝试、大胆实践，在学生面临困难或出现错误时予以启发和修正。

4.代谢功能

生态系统中的各种元素与周围环境不断进行物质交换，发挥能量传递、流动和循环的生态功能。在翻转课堂上，随着教学活动的开展，学习资源发生转化，信息开始发出并在教师和学生间多向传递，由点到面，由个体到群体，被反复接受，经过消化、吸收，形成新的信息源并再次发出，不断交织成流动的信息网。在此过程中，师生交流思想、分享经验、碰撞出新的灵感，使整个课堂的气氛被激活，充盈着极具感染力和生命力的能量。学生内在的态度、情感、感知力和价值观，在教师的激励、感召和同伴的启迪影响下得以挖掘。

（三）翻转课堂的教学优势

1.有利于教师改善自己的教学效果

教师需要根据教学进度与内容在课前制作好教学视频，并将其上传到学习平台上面。这些教学视频的时长一般在10分钟左右，内容短小精悍、主次分明。此外，这些视频不像传统课堂一样受限于时间和地点，所以，学生可以结合自身的学习情况，择取一部分出来进行反复观看与学习，进而在客观上改善教学的效果。

2.有利于学生提升自身的学习效率

一般情况下，学生的学习过程大致从以下三个方面进行：首先，在课前进行视频学习；其次，在课中进行反复探究；最后，在课后进行知识巩固。翻转课堂通过为师生、生生提供零距离的交流互动机会，使他们在互提建议和共同研讨问题的过程中获得更多的轻松感和愉悦感。

3.有利于培养学生的学习自主性

在由教师负责担任"主角"的传统教学模式下，学生一直处于被动听讲的学习状态，他们的主体地位难以突显，而他们的思维也在这种情况下日益怠惰。翻转课堂模式的出现有效地改变了这一状况，学生可以在课外时间根据教师提前制作好并上传到教学平台上的教学视频，自主地建构知识学习框架。

（四）翻转课堂的主流支撑平台

1.翻转课堂支撑平台的选择

目前国内外网络教育平台的形式很多，其中较为流行的有Blackboard、WebCT、Leaning Space、Moodle、E-learning、北大在线、清华大学网络学堂等。而Moodle平台凭借其免费开源代码和强大的教学功能成为众多学者实现翻转课堂的支撑平台之一。现将Moodle平台与国内应用广泛的Black board、Edpuzzle和北大在线平台进行比较，分析如下：

表7-1 翻转课堂支撑平台的比较

名称	Moodle	Black board	Edpuzzle	北大在线
国家	澳大利亚	美国	美国	中国
优点	免费开放；交互式平台；包含交流、学生参与、课程设计、生产力、课程交付、测验、投票等独立模块；第三方插件；操作简单；可以跟踪学生学习动态；可以在任何系统上运行	交互性平台；更加模块化，包含内容学习、在线交流、考核管理、系统管理四大模块；可个性化定制界面风格	免费开放；交互式平台；在播放教学视频时，可自动呈现问题	在线辅导和答疑；在线测试和教学研究
不足	每一步的学习都需要完成上一步的学习才可以进行；页面设计粗糙，需要继续更新升级	商业平台，不免费开放；随机生成试卷的可编辑题型有限；不支持复杂的输入	教师只能在后台观看，无法加入课程	教学资源的数量和质量难以激发学生学习兴趣；网页呆板；内容更新慢；不是交互性教育平台；反馈滞后

通过以上对比，免费开放且功能更加齐全的交互式Moodle平台更适合作为翻转课堂教学的网络支撑。因为Moodle平台的交流功能不仅能够提供文件交流、论坛交流和邮件交流，还能够满足师生在线交流的需求；而在生产力模块中更是坚决禁止信息泄露，满足了学生对隐私的需求；在学生参与模块，学生可以通过小组合作、同伴互评等环节激发学习兴趣，充分调动自身的学习积极性并培养批判思维与创新思维；课程交付模块则以监督手段督促学生完成学习任务，保证学习效率；在课程设计模块，教师则可以利用Moodle强大的教学资源和第三方插件功能为学生制作线上精品课。

2.Moodle平台应用于翻转课堂的优势

（1）操作方便

Moodle平台安装简单，这种免费开源代码的一体化安装包，几乎可以安装在任何支持计算机编程语言系统的平台上，且操作也简单。使用者无须特意学习其特定专业知识，只要掌握基本的电脑操作技能，即可随时登录网站浏览网页。管理者可以点击主题设定符合需要的网站风格和主题格式，如星期格式、课程格式等，并结合自身需要通过自由操控管理平台达到网站管理、课程管理和学习管理的目的。

（2）有利于教师教学

Moodle采用多模块的设计风格。首先，在资源模块中教师可以将自己精心制作的导学案、课件等相关教学内容以文档、视频、音频等形式上传到此平台供学生课前自学，让学生在课前了解学习知识；同时教师也可以根据教学需要插入链接，利用其他网络资源使教学内容更加丰富，以达到教学效果。其次，Moodle平台活动模块系统划分出作业模块、聊天模块、论坛模块、测验模块、互动评价模块、问卷调查模块等，教师可以随时查看学生的答题情况，并在此交互平台及时给予反馈，实现师生互动，真正做到人人参与。最后，教师在教学过程中可以根据课程需要增添或删除一些模块内容，根据Moodle的灵活功能，教师也可以实现多元化教学评价，实现定性评价与定量评价相结合。教师也可以回看学生的学习历程并反思教学不足。

综上，融课程管理和学习环境于一体的Moodle平台为翻转课堂的实施提供了功能更加齐全的网络教学支撑，能够为实现翻转课堂教学模式下的英语写作教学提供更好的网络支撑。

(五) 国内外翻转课堂教学模式的研究

1.国外翻转课堂教学模式研究

在国外，翻转课堂教学模式的发展经历了探索兴起、实践磨合、拓展创新三个阶段，据此，以时间为主线，将翻转课堂的国外研究分为以下三个阶段：

（1）翻转课堂的探索与形成阶段（19世纪初—2000年）

早在19世纪初期，塞耶（Thayer）将军在西点军校进行了让学生在课前学习核心知识、课上开展课堂活动的教学实验。2000年，美国学者莫林·拉赫（Maureen Lage）与格伦·普拉特（Glenn J. Platt）在迈阿密大学进行一种学生在课下观看教学视频、课上以小组形式完成学习任务的新型教学模式，该模式已具备翻转课堂的雏形。随后，莫琳与格伦将这种新型的教学模式称为翻转课堂。自此，翻转课堂作为一种独立的教学模式概念被提出来。

（2）翻转课堂的实施与成熟阶段（2001—2011年）

在2001—2006年期间，许多教师与学者都对翻转课堂教学模式进行了多次的探索和实践，但并未取得显著性的研究成果。2007年，美国林地公园高中的两名化学教师乔纳森·伯尔曼（Jonathan Bergmann）与亚伦·萨姆斯（Aaron Sams）为了使无法按时到校上课的同学跟上教学进度，便开始以录制教学视频、制作教学课件发送给学生的方式进行授课，取得了不错的教学效果。2011年，学者萨尔曼·可汗（Salman Khan）在TED进行了"用视频重塑教育"的演讲，他创办的可汗学院拥有3500多部高质量的教学视频资源，覆盖的学科范围很广，为教师提供了丰富的翻转课堂教学视频素材，突破了翻转课堂教学资源的限制，有效促进了翻转课堂在整个世界范围内的广泛普及与快速发展。

（3）翻转课堂的发展与创新阶段（2012年至今）

哈姆丹（Hamdan）等学者提出翻转课堂的促学机制，阐明了实施翻转课堂需要注意的关键要素，包括灵活的环境、学习文化、精心安排的内容、专业的教师等。学者梅林（Mehring）将翻转课堂英语促学机制归纳为交际课堂环境和以学生为中心学习环境。

2.国内翻转课堂教学模式研究

（1）翻转课堂教学模式研究

在国内翻转课堂教学研究中，教学模式是主要的研究话题，主要从以下两个维度展开：一方面，围绕本土化翻转课堂教学模式展开研究。该研究是主要根据我国教学现状、学科特点，在国外翻转课堂模式研究的基础上提出来的，最为典型的是张金磊的翻转课堂教学模式。学者钟晓流将翻转课堂教学理念与中国传统文化中的太极思想、本杰明·布鲁姆的认知领域教学目标分类理论进行深度融合，构建出太极环式的翻转课堂教学模式；学者陈君贤以首要教学原则为理论基础，构建出的翻转课堂"五星教学模式"。另一方面，围绕翻转课堂教学模式的平台研究。该研究主要将翻转课堂与慕课（MOOC）、小规模限制性在线课程（SPOC）以及微课相结合。首先，翻转课堂和MOOC结合，如学者胡杰辉、伍忠杰通过基于MOOC视频进行翻转课堂模式研究，认为二者相辅相成、互为依存，共同实现最优化教学；学者曾明星构建出翻转课堂与MOOC视频的"二次开发模式"。其次，翻转课堂和SPOC结合，如学者张苇、陶友兰借助SPOC构建英语翻转课堂教学，为学生提供多种教学资源，可以增加学习环境的灵活性与学生学习的自主性，提升教育质量；学者蒋艳、胡加圣构建基于SPOC的大学英语翻转课堂运行机制等。

综上所述，在翻转课堂教学模式研究中，基于MOOC、SPOC和微课平台的研究已成为一大趋势，然而，基于此类平台的研究明显缺乏交互性、合作性和沉浸性，导致教师并不能够及时与学生进行交流互动。学生学习视频课的过程中缺乏必要的教学监督，使得学生在学习的过程中极易敷衍了事，直至最后放弃对视频课的学习。对此，充分发挥虚拟学习社区的交互性功能，提高学生的合作学习能力，可增强翻转课堂教学的沉浸感，实现深度学习。

（2）翻转课堂的教学理论研究

翻转课堂的理论阐述研究主要将翻转课堂与其他教学理论相结合，探讨其可行性与适用性。如学者徐艳梅、李晓东将项目式教学理念与翻转课堂进行有机结合，提出基于电子学档的项目式翻转课堂教学方法；学者沈瑛、沈跃东以认知临场、社会临场和教学临场为研究视角，探索基于社团探究体系下的翻转课堂教学模式；学者李芳军、屈社明将混合学习理论、二语习得理论、语言信息理论和动态系统理论与翻转课堂教学模式相结合，构建了翻转课堂环境下动态交互模型等。

翻转课堂的现状评述研究者通过对翻转课堂教学模式在国内的发展趋势进行研究性述评，以探讨其优势及不足之处，并指明未来发展的主要方向，如学者邓笛通过翻转课堂在我国的发展历程与理论基础进行综述的基础上，总结出翻转课堂在大学英语教学中的教学流程与特点；学者屈社明通过对中文社会科学引文索引（CSSCI）国语言类来源期刊论文内容进行整理分析，分析我国高等外语教育翻转课堂研究的现状与存在的问题。

（3）翻转课堂的教学应用研究

翻转课堂的教学按照应用研究开展的过程可划分为三个阶段：初探阶段、实践阶段及分析阶段。

翻转课堂教学的应用研究初探阶段主要是对翻转课堂的教学模式进行初步探索，如学者赵娜基于翻转课堂教学模式进行大学英语教学研究初探，结果显示该模式能够帮助学生体验学习成就感、培养合作精神、锻炼口语表达能力，使学生更好地内化知识、自主构建知识体系；学者辛翼秋、杨跃进行了基于翻转课堂模式的主成分分析教学法在大学英语教学中的初探研究，在充分分析其必要性与可行性的基础上，就实践中遇到的一些问题提出了合理的解决方案。

翻转课堂教学的应用研究实践阶段主要通过提出假设（问题）—实验研究—验证假设（得出结论）的步骤，来进行翻转课堂的教学效果研究。如学者崔艳辉、王轶根据当前大学英语翻转课堂教学现状，通过课堂实践分析出翻转课堂的优势与不足，并提出相关的对策及建议；学者王海杰、张黎从翻转课堂的基本概念及优势的角度出发，提出翻转课堂在我国英语教学中的具体实施流程，通过实践应用，分析出翻转课堂在我国英语课堂教学中的实施条件。

翻转课堂教学的应用研究分析阶段是对翻转课堂应用研究后的分析及反思，以总结出翻转课堂在我国英语教学中的实践经验。如学者卢海燕通过微课与翻转课堂相结合，探讨该模式在大学英语教学中的可行性分析；学者李京南、伍忠杰将翻转课堂应用于大学英语实践中，并通过实践结论进行教学反思。

二、翻转课堂教学模式构建的理论基础

（一）耐度定律与最适度原则

一种生物只有处于因子最小量和因子最大量这两个限度之间时，才能正常生存和繁衍。这个范围被称为耐受性范围。如果其中某个因子的量突破了界限，则会对生物的成长产生不利影响和消极作用。只有各个因子达到合适的量并处于合适范围中，生物的整体功能才能达到最佳的、最适度的平衡状态。

（二）花盆效应

花盆效应也叫局部环境效应。作物或花卉被人们种植在花盆里，在精心培育下以及适宜的环境中，可以茁壮成长。一旦脱离了花盆这个半封闭的空

间，没有了人为控制和创造的绝佳的生态因子，如阳光、水分、肥料、温度等，作物或花卉就会很快凋零，失去生命力。

（三）建构主义理论

建构主义提倡"以学生为中心的学习"，强调教学既要重视以学生为主体，又要注重教师的主导地位；同时，在师生角色方面，建构主义认为教师是学生学习知识过程中的引导者与促进者，这与翻转课堂教学理念不谋而合。

首先，在"情境"上，翻转课堂为学生提供线上教学情境与课堂面对面的教学情境，其中，线上教学情境为教学管理和监督提供了有利条件，进一步增强学生的自主学习意识，促进有意义学习。

其次，在"协作"和"会话"上，翻转课堂以课前预习和课上讨论为主要教学模式，为师生之间、生生之间提供了大量的交流与会话的机会，从而促进合作学习，实现知识共享。

最后，在"意义建构"上，翻转课堂注重培养学生意义建构的能力，引导学生调动已学知识来探索复杂的"真实问题"的解决方案，使学生学会学习，鼓励学生用多种途径、方法使知识长期保留在大脑中形成认知图式。

（四）合作学习理论

1.合作学习理论概述

课堂面对面的合作学习较之于个体学习、竞争学习而言，更具有教育意义。然而，课堂面对面的合作学习只有在满足以下五个要素情况下，才能真正实现有意义的合作学习。第一个要素是相互依靠的关系，指通过小组分配与任务布置使小组成员间形成目标互依、角色互依等"同舟共济"的小组责任意识，增强小组成员间的集体凝聚力与学习向心力。第二个要素是小组成员间的相互促进作用，指小组成员为了达到共同理想和学习目标而进行的合作学习。这个过程需要小组成员做到知识的共享、信息的有效加工，通过成员间的反馈意见来进行知识的探索与创新，以此培养学生的洞察力和批判精神。第三个因素是个人责任，即提高小组成员的参与度。在教学过程中，教师需要保证所有学生参与到小组活动中来，使得小组每个成员都能够在完成学习任务的过程中尽职尽责，避免"搭便车"现象的出现。若小组学习任务的完成仅靠个别组员的努力，那么会使得合作学习的效果大打折扣。第四个因素是人际交往技能，指小组成员通过彼此之间的交流与合作能够准确地表达自己的想法，对小组合作过程中出现的突发问题进行合理地解决，逐渐培养学生的人际交往能力。第五个因素是小组自评，指小组成员对本组工作的评价与反馈，以提高学生的元认知能力，促进有效的合作学习。

计算机支持的合作学习指的是充分运用现代计算机技术，在互联网和移动多媒体通信技术的管理与辅助下进行的一种合作学习方式。首先，在学习环境上，计算机可为合作学习者提供界面友好、简洁美观的交互式学习环境，并且在人工智能、虚拟仿真技术的辅助下，可为学生打造近乎真实情境的学习环境，增强小组成员的参与感，提高合作学习的持久性与稳定性。其次，在交流渠道上，计算机技术为小组成员提供了多样化的信息交流渠道，在突破了时空的局限外，还可以云文档、超链接的方式实现成员之间学习资源的交流与共享，激发了成员间主动探索知识的积极性，使处于不同地域的小组成员在云端进行合作学习。最后，在教学管理与监督上，计算机辅助下的合作学习可为教师提供云数据、学生学习次数与进度的频率统计功能，辅助教师进行教学监督与管理，使学生更加自律，提升学生的个人责任感与合作学习参与度。

2.合作学习理论与翻转课堂的关系

在翻转课堂的合作学习中，教师将学生科学地分成各个学习小组，进行课前疑难问题的讨论学习。由此可知，翻转课堂教学可为学生面对面合作学习提供充足的课堂时间，同时对小组成员在线上交流时出现的问题与疑难提供面对面讨论的机会。

首先，在促进合作学生形成积极的相互依靠关系方面，翻转课堂教学模式下的课堂面对面交流讨论可以减少小组成员间的距离感。共同探索、实践教师布置的学习任务与问题，可增强学生之间的相互信任与依赖，使成员积极地形成相互依赖的关系。

其次，在提高小组成员间的相互促进作用与锻炼其人际交往能力方面，翻转课堂教学的课堂讨论将小组成员从云端带回到实际的课堂之中，从虚拟交流带回到现实合作之中，让学生通过互相帮助、共同进步，从而促进成员间的人际交往能力的提高。

最后，在小组自评方面，翻转课堂教学设有学习评价环节，包括组员互评与组际互评。学习小组成员间的相互评价使学生明确成员在合作过程中的有效学习行为，提高合作学习的效率。

（五）深度学习理论

1.深度学习理论概述

随着学界对深度学习理论研究的日渐深入，旨在培养学生深度学习素养的结构框架也得以形成。2012年，美国国家研究理事会将深度学习能力设计为三个维度：认知领域、人际领域和个人领域。威廉和弗洛拉·休利特基金会提出了深度学习的基本框架：掌握核心学科知识、批判性思维和复杂问题解决、团队协作、有效沟通、学会学习、学习毅力。通过进一步地研究与分析发现，美国国家研究理事会深度学习的三个维度与威廉和弗洛拉·休利特基金会提出的基本框架存在着共通之处，即前者是后者的主要概括，同时，后者又是前者的发展与细化，如图7-1所示。

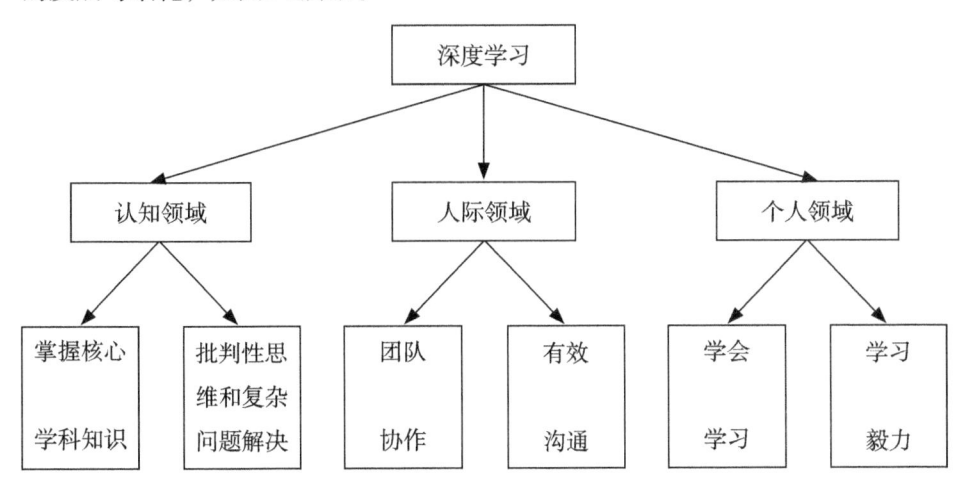

图7-1 深度学习基本框架之间要素的相互关系

2.深度学习理论与翻转课堂的关系

翻转课堂教学模式重点培养学生的思维品质和自主学习能力，通过合作学习、课堂讨论展现学生创造性成果。

首先，在认知领域上，在翻转课堂的课前环节，学生通过自主学习、教师辅助与同伴互助的方式实现对核心知识的掌握。在课堂讨论环节，学生以小组的形式通过对疑难问题的探索与求知形成批判性思维，得出正确答案。其次，在人际领域上，翻转课堂教学模式为小组成员提供交流与反馈的机会，促进其团队协作与有效沟通。最后，在个人领域上，在翻转课堂的一系列教学活动中，学生在掌握科学有效的学习方法的同时，提升了心智机能。

三、翻转课堂教学模式的构成要素

信息技术与教育的融合已经成为我国教育改革与发展的趋势。伴随着信息化教育改革，一些新的教学理念和教学模式相继出现，以丰富的现代化信息技术为支撑的"翻转课堂"教学模式也随之诞生、推广与应用。

（一）教学理念和理论是核心

可以说，任何一种教学模式都是一种教学理念和理论的反映。翻转课堂教学模式注重以学生为中心，更加强调学生对知识的自我构建、自我体验、自我学习等。翻转课堂教学模式教学将学生的特征、需求和能力提升等作为所有教学活动的出发点与终点，进而提升学生的综合素养。

（二）教学主体是关键

翻转课堂教学模式下的教学过程更好地体现了教学活动中师生的"双主体"地位。教师是教学活动的设计者和主导者；而学生是学习的主体，学生在教师有目的、有计划、有组织的引导下主动参与教学活动，在学习活动中发挥主体性作用，自主探究知识、发现问题、解决问题。教师和学生的主体性作用贯穿于翻转课堂教学模式的各环节之中。

（三）教学程序是载体

翻转课堂教学模式有自己特定的逻辑步骤和程序，即教学程序。教学程序规定了翻转课堂教学模式下的教学活动时间顺序，明确了教师和学生先做什么、后做什么以及在每一个阶段需要完成的活动或者任务。翻转课堂模式下的教学程序主要包括教师课程规划阶段、课前学生自主学习阶段、课中师生互助学习阶段和课后总结提升阶段。

教师规划阶段是教师或者是课程教师团队来完成的；课前学生自主学习阶段是学生以教师给予的任务书为指引在课前自主完成学习，此时教师要给予学生引导和支持；在课中师生互助学习阶段，前期是学生组内学习，此时教师充当的是指导角色及时对学生进行必要的指导和启发，后期是学生展示和教师课内总结提升阶段，此阶段教师的作用是帮助学生解决重点和难点问题，并做好总结；在课后总结提升阶段，教师是引航者，在教师的引领下师生共同前行，学生要总结反思，教师也要不断总结反思，做到教学相长、不断创新、共同提升。

（四）教学环境和资源是物质条件保障

教学环境和资源对翻转课堂教学模式的实施起到支持作用。教学环境本身包括多种不同要素，是一个较为复杂的系统，从广义上既包括影响学校教学活动的物质因素，也包括校园文化、师生关系等精神因素。翻转课堂教学模式对电脑、手机、网络等设施和技术以及课堂气氛和师生关系等环境要求高一些，同时对教学资源要求条件更高。因此翻转课堂不但要有教学课件和常规的教学素材，而且需要有网络课程、微课视频、慕课等开放性资源作为完成学习任务的保障。

翻转课堂教学模式中的各要素之间相互联系而又相互制约。教学理念是灵魂，指导教学主体进行教学活动，教学主体制定教学目标选择教学环境、开发教学资源，而教学理念传播依靠的是教学主体，同时教学目标也是由教学主体来实现的，教学目标的实现还需要教学环境和资源提供物质条件保障。是否真正实现教学目标是通过教学评价来确定的，教学评价标准是否正确也影响着整个教学活动和教学目标是否能实现。这样各要素之间相互作用，共同推动翻转课堂教学模式的形成和实施。

四、开展翻转课堂教学模式教学的价值

爱因斯坦曾经说过："教育就是当一个人把在学校所学知识全部忘光之后剩下的东西。"实施翻转课堂教学模式进行教学可以培养学生自学、自我约束等方面的能力和创新精神、合作意识等。

（一）有利于培养创新型、终身学习型人才

1.有利于学生进行知识的自主构建

翻转课堂教学模式强调学生在课前进行自主学习，在原有知识和经验的基础上根据任务单的要求利用微课、微视频和多种学习资料进行学习，对知识进行自我建构。教师作为学生知识建构的促进者，在课堂上引导学生共同学习，根据不同学生的知识建构情况，通过小组讨论、辩论、演讲或成果展示等形式协作学习，实现师生互动。教师帮助学生更好地进行知识内化，进而满足不同层次学生的需求共同实现知识的内化，最终达到真正意义上的知识建构目标。在整个教学过程中，知识的获得是学习者主动建构的结果，既强调了学生的主体作用，也重视了教师的主导作用。

2.有利于培养学生的合作创新精神

翻转课堂教学模式无论在课上还在课下，都可以采用小组协作模式。特

别是在课堂上，教师组织学生通过小组协作方式进行问题的深入探讨和解惑，重视小组成员之间的互教互学。教师引发学生真正地深入学习，使小组成员之间信息互通、资源共享、成果共得。要想合作成功，同学要相互学习取长补短，共同努力，这无形中就培养了学生的合作精神，提高了学生的人际交往能力，增强了学生的学习主动性。

同时学生在探究过程中要掌握解决实际问题的科学方法，教师根据学生所需为学生提供其他科学研究方法的辅导，学生要想掌握知识和提高技能也必须探索新的方法、寻找新的途径。特别是学习成果的汇报需要学生创新能力，这些学习活动必然有助于培养学生的创新精神。

3.有利于提升学生学习的主观能动性

在翻转课堂教学模式中，学生要想跟上同学学习的步伐在课堂上表现优秀，就需要在课下利用时间有目的、有计划地进行自主学习，广泛搜集与学习相关的资料，拓宽自己的知识视野，在小组讨论和成果展示过程中获得成就感，进而形成了良性循环。

（二）有利于激发教师学习内动力，提升教师教学素养

1.更新教师原有的知识结构，提升教师解读教学内容的能力

翻转课堂教学模式的实施对教师提出了全新的要求。这对教师来说也是一个挑战，教师必须第一时间掌握最新知识、摒弃旧的知识。同时由于学习模式的变化，为了便于学生掌握知识，教师要对以往的教学内容进行分解，帮助学生对新知识消化、理解和掌握。而且教师必须在课堂教学之前就更新教学内容，重构知识结构，这无形中激发教师获取新知识和新技能的动力，大大提升了教师对教学内容深入解读的能力。

2.翻转原有的教学程序，提升教师教学设计能力

在传统的教学中，教师在进行教学设计时主要关注课堂的教学组织和设计以及课后的教学内容提升与内化过程，常常忽视课前学生的学习。翻转课堂教学模式教学设计分为课前学生学习准备设计、课中教学组织设计和课后知识总结和反馈三大阶段。每一环节设计都需要教师花费大量的时间和精力，每一个环节设计得如何直接影响着教学效果，为了完成课程教学设计，教师必须不断学习、提升自己。

3.改变教师原来的角色，提升教师课堂教学掌控能力

追求创新的过程中，必然会出现一些不循常规的事情。教师必须学会应对教学的突发状况，这对教师课堂教学能力提出了新的要求，教师必须提升教学素养更好地掌控课堂，真正成为课程教学的主导者，更好地引领学生学习。所以，翻转课堂教学模式的教学可以提升教师课堂教学掌控能力。

五、翻转课堂教学模式的构建策略

（一）协作与竞争并存的学习模式

协作是通过与他人的配合、交流，达到共同目标的集体活动。竞争是以超越、战胜对方为目标的，激励自我提高的个体行为。协作与竞争是一个事物的两个方面，相互依存，互为补充。在生态系统中，调节各因子至最佳的平衡状态，在竞争中协作，在协作中竞争，有利于整个系统始终处于活跃状态。

根据生态位理论，学生的性格特点、智力水平、知识结构、兴趣爱好、优势特长等是他们特有的身份标签，因此每个个体都有自己的生态位。翻转课堂鼓励学生以小组为单位，分工合作，取长补短。小组成员互相监督、互相鼓励，建立一种积极的互赖关系。小组协作可以提高学习效率，发展学习策略，使学生在沟通与协商中达成共识，在质疑与反驳中激发灵感，实现团队利益的最大化。

学生在协作的同时，也存在个人与个人、团队与团队之间的竞争。良性竞争会给学生带来适当的压力和危机感，由此产生的好胜心和求知欲有利于激发他们的学习潜能和进取意识，同时也能使学生认清自我，发现自己的优势与不足，增强信心，肯定自己，承认差距，尊重对手。此外，竞争能够提高学生的自主学习能力，提高学生的心理承受能力，提高学生的社会适应能力。

（二）线上与线下并存的教学模式

长期以来，学校呈现的都是一个半人工、半自然的环境，学生平时很少有机会接触外界。如果学生已经习惯了这种空间束缚以及外加的管制和教导，在离开学校后，容易因缺乏独立思考和判断的能力而迷失自我，无法面对困境与挫折。因此，必须改变传统的"以教师为中心"的教学模式，给予学生更宽广的学习空间、更自由的学习时间，充分发挥学生的主体意识，培养其自主学习能力。

混合式教学是面对面课堂教学与互联网在线教学相结合的模式。线上线下的融通打破了时空的栓结，构建了更为开阔的生态格局，改变了学生的思维

方式、认知方式和互动方式。学生利用多种移动设备在课外进行碎片化、泛在化学习，他们不仅仅需要共性的标准化的知识习得，更追求个性化知识与创造性知识的自我建构与生成。

教师借助互联网营造一个开放的学习氛围，并且提供平等对话与合作学习的空间。教师的角色由单一的传授者转变为设计者、组织者、促进者、启发者和引导者。原来以知识传递为主的教学由线下转移到线上，将话语权还给学生，充分发挥"人"的优势，打造充满人格魅力、闪现人性光芒、涌动人文情怀的生态课堂。

（三）监控与激励并存的管理模式

翻转课堂倡导开放自由的学习环境。学生一旦过于自由，就会陷入无序混乱的状态。因此，教师既要鼓励学生大胆发言又要保持自身的话语权，既要允许学生尽情发挥又要适时提醒指点，确保学习活动沿着预定的轨道进行。不操控也不放任，使各个生态因子相互协调、适应，平衡彼此之间的共生关系，减少、改进或者转化"干预"这个限制因子，将其"控制在最佳的状态"，维持教学生态的稳定、持续发展。

为了保证课堂教学秩序和教学效果，教师应该制定课堂学习行为规范，对课堂问题的解决、课堂教学活动的组织与实施进行协调管理，监控整个课堂教学的动态生成。在实施规范时，教师应从学生的学习需求出发，尊重个体差异，注重包容性和灵活性。课堂管理逐渐从"他律"转为"自律"，从教师的全面管理转为学生的自我管理、集体协商、民主评议，有利于增强学生的荣誉感和认同感，培养他们的契约精神和主体责任意识。

（四）动态与多元并存的评价模式

评价是对教学质量的反馈和监控，有着重要的导向功能。学生的成长是动态的、波动的，也是与周围环境密切联系的。因此，一次性的考核不能全面反映学生的成长轨迹，必须以发展和关联的眼光看待学生的细微变化。评价应该是动态生成的，既要关注个体的独特性，又要强调个体与个体或个体与群体之间的相融性。

教师应以激励和正向刺激为主，发现学生的闪光点，肯定他们的进步，鼓励他们积极反思，提升自我效能，将形成性评价贯穿教学始终。在评价内容上，教师应关注学生的知识、能力、情感、行为、学习策略、职业素养和综合素质等多方面的发展。在评价工具上，采用问卷、量表、访谈、学习档案等多重手段，使评价更为真实客观。在评价主体上，结合学生自评、同伴互评、教师评价和企业反馈等方式，拓宽评价范围，提升评价质量。

第二节　翻转课堂理论与英语写作教学的结合

为实现英语写作课"去水增金"，英语写作教学可与翻转课堂相结合形成翻转课堂英语写作课。该课程的教学流程可包括五个环节，即必要分析—课前准备—教学实施—课后反思—实践巩固，如图7-2所示。

①必要分析环节包括课程分析、教材分析和学情分析。

②课前准备环节包括课件的制作、视频的录制剪辑等。教师需要结合学生实际，制定学生学习任务单，并指导、引领学生利用资料开展课前与课后的自主学习。

③教学实施环节是指翻转课堂英语写作教学具体实施的流程，包括课中学生以个人或小组进行交流分享、教师的答疑解惑、重难点知识巩固等活动。

④课后反思指教师和学生在课后对教学过程中出现的问题和重难点知识点进行整理反思的过程。

⑤实践巩固环节指学生以个体或小组方式完成不同的任务巩固训练，如完成批改网设置的写作任务、完成集体预习汇总小组疑点等活动。

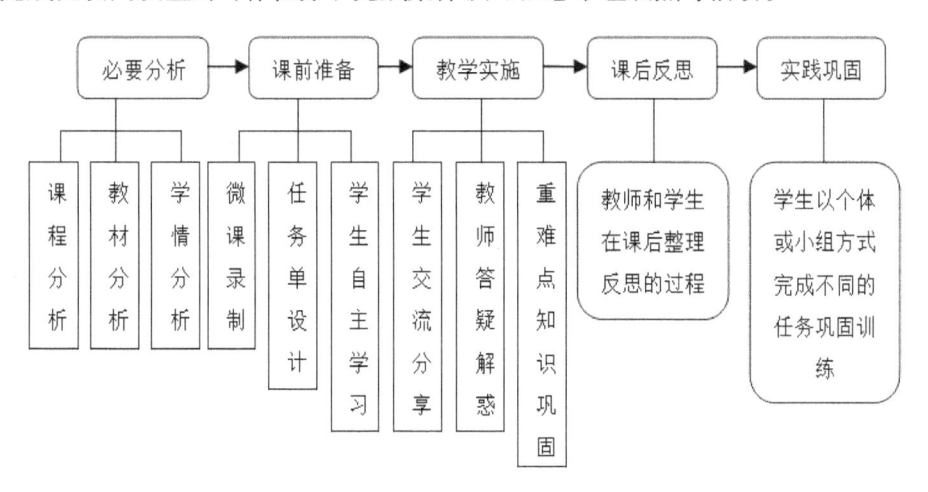

图7-2　五个环节流程

一、课程、教材分析

（一）课程分析

以英语基础写作课程为例，该课程是一门重要的英语实践课程，着重培养学生英语写作的基本技能，开设在大学二年级，以英语专业四级考试的写作部分的考核标准为指导、以"金课"建设为目标，对写作教学提出了具体要求：

①以打造省级"金课"为目标，写作教学与课程思政相融合。

②能在规定的时间内（1小时内）完成200至250字的英语文章，且文题相符、语言通顺、语法正确。

③能在文中熟练运用一些修辞手法，提升文章文采。

（二）教材分析

教材《英语写作手册》（丁往道，外语教学与研究出版社）为学生详述了实用的英语写作技巧，如各种文体格式、遣词造句、篇章作文、应用文、学术论文等。中文讲解与英语例句范文相结合，适合大学二年级学生使用。

二、翻转课堂的课前准备

（一）微课录制

微课视频是现代化教学方式的一种，也是使用现代化工具进行学习的资源和手段。在翻转课堂英语写作课的教学设计中，教师应以适合的方式展现知识点，特别是对重难点、易错点的讲解呈现尤为重要，将难度适合的内容配合讲解录制短视频。

（二）学习任务单设计

学习任务单可有效辅助教学，特别是将课前与课中有机结合，帮助学生利用好课下时间。学生可通过学习任务单了解课程的目标、重要知识点概要，便于提前预习；同时，学生在自主预习过程中可对照学习任务单记录疑难知识点或不同见解，以备课堂交流分享。

三、翻转课堂英语写作课教学目标设计

（一）知识目标

①掌握英语写作技巧并进行有效书面沟通。
②能正确而熟练地表达思想。
③能运用不同方式展开段落写作。
④在30分钟内完成250词左右的内容完整、逻辑性较强、用词准确、文题相符、格式正确的文章。

（二）能力目标

①写作表达能力：能够在规定时间内，准确完成各种文体的写作任务。
②思辨能力：掌握写作的逻辑推理和逻辑分析技巧。
③跨文化交际能力：了解中西方文章不同的写作要求和表述技巧。
④终身学习能力：掌握自主获取知识的途径，在实际生活中学以致用。

（三）情感目标

①获得自主学习的乐趣。
②获得探究式学习的快乐，激发写作兴趣。
③获得合作学习的责任感，承担个体、团体成员或者负责人的角色，合作完成既定任务。

第三节　基于翻转课堂的英语写作课教学优化

一、进行分组学习，融入多媒体技术

分组学习是翻转课堂的重要环节，能够强化学生在课堂上的主体地位，提升学生的学习主动性。针对分组学习，英语教师应当注意以下方面：一是小组的划分。英语教师应当以学生的实际情况为依据划分小组，保证每个小组的平均水平，促进良性竞争关系的形成。同时，英语教师还应当引导学生结合实际明确自身在组内的角色定位，主要包括监督者、主导者及总结者等多个角色。这样能够充分发挥每个学生的主动性，避免过度依赖等问题的产生。二是

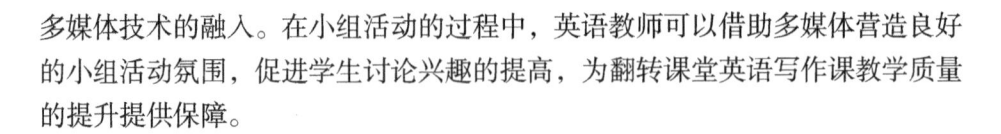

多媒体技术的融入。在小组活动的过程中，英语教师可以借助多媒体营造良好的小组活动氛围，促进学生讨论兴趣的提高，为翻转课堂英语写作课教学质量的提升提供保障。

二、定位教学关系，完善翻转课堂英语写作课教学

教学关系是翻转课堂最大的特色，在翻转课堂英语写作课中，学生是课堂学习的主体，教师扮演着引导者的角色。对此，在应用翻转课堂的过程中，英语教师应当明确自身引导者的地位，通过给予学生充分自学时间，为他们自主学习能力和合作探究能力的提高创造条件。同时，在组织活动的过程中，英语教师应当重视自身引导作用，参与到学生的自学活动与讨论活动中，带动每个学生真正参与到活动中，完善翻转课堂英语写作课教学。

在素质教育的推动下，翻转课堂的教学价值逐渐凸显。对此，英语教师应当明晰翻转课堂的概念，明确教师与学生的教学关系，立足学生实际优化英语写作课教学内容与教学活动，提升翻转课堂英语写作课教学有效性。

三、选择难度合适的训练题目

教师在用批改网平台布置作文和上传范文时，一定要考虑学生的整体水平。在学生整体水平不高的情况下，只有输入比学生整体水平略高的题目和范文，才能保证学生通过批改网平台实现作文质量的稳步提升，才能让学生在学习过程中找回自信，并激发他们的写作热情，进而提高其写作水平。否则，在学生整体水平不高，连字数都达不到规定要求，单词拼写、标点符号、语法错误较多的情况下，输入难度较高的题目和范文，讨论文章的逻辑性、句式的变换、词汇的丰富等，就等于拔苗助长。

参考文献

[1] 蒋云华.网络环境下大学英语写作教学理论与实践［M］.昆明：云南大学出版社，2012.

[2] 朱慧敏.大学生英语写作中的词汇丰富性发展特征研究［M］.上海：上海外语教育出版社，2013.

[3] 刘东虹.英语学习者写作中的语言概括能力研究［M］.武汉：武汉大学出版社，2015.

[4] 王瑞.大学英语写作教学档案袋评测研究［M］.哈尔滨：黑龙江大学出版社，2016.

[5] 牛洁珍.基于现代信息技术的大学生英语写作能力培养研究［M］.苏州：苏州大学出版社，2016.

[6] 乔玲玲.大学英语写作教学的动态评价研究［M］.北京：世界图书出版公司，2017.

[7] 康霞.英语写作教学理论与实践研究［M］.北京：北京邮电大学出版社，2018.

[8] 常焕辉.现代英语写作理论及教学改革研究［M］.北京：团结出版社，2018.

[9] 何微微.英语专业学生写作词汇知识发展多维度研究［M］.成都：西南交通大学出版社，2018.

[10] 刘梅.大数据时代的英语写作教学与研究［M］.苏州：苏州大学出版社，2018.

[11] 扈玉婷.大学英语生态化写作教学研究［M］.北京：北京理工大学出版社，2019.

[12] 朱茜.大学英语课堂协作写作研究［M］.上海：复旦大学出版社，2019.

[13] 王晓丽.翻转课堂模式下的大学英语写作教学优化研究［J］.陇东学院

学报，2017（02）：141-144.

［14］王艳利.翻转课堂下英语写作教、学、评的优化研究［J］.校园英语，2017（40）：22-23.

［15］张红丽.输出驱动：输入促成假设在大学英语写作教学中的应用［J］.英语广场（学术研究），2018（09）：82-84.

［16］王华.整体语言教学理论视角下英语写作教学优化策略探究［J］.校园英语，2019（46）：37.

［17］许洁.互联网时代英语写作教学策略探讨［J］.延边教育学院学报，2019（06）：169-171.

［18］杨雪霜.大学英语写作中存在的问题及教学的启示［J］.海外英语，2020（18）：177-178.

［19］谭其佳.大数据背景下大学英语学术写作能力SPOC培养模式研究［J］.海外英语，2020（18）：165-166.

［20］毕成.主位推进模式在高职院校英语写作教学中的应用［J］.科教文汇，2020（26）：180-181.

［21］游忆.新型网络载体下高校英语写作教学模式创新研究［J］.黑龙江教师发展学院学报，2020（09）：154-156.

［22］赵云鹏.关于利用"互联网+"开展英语写作教学的思考［J］.英语广场（学术研究），2020（24）：88-90.

［23］李秋雨.浅论混合反馈模式在英语写作教学中的应用［J］.海外英语，2020（16）：151-152.

［24］仝海侠.对分课堂在大学英语写作教学中的应用优化［J］.科学大众（科学教育），2020（07）：140.